Teoría de Circuitos. Ampliación

Teoría de Circuitos. Ampliación

Puy Arruti, Elena Monasterio, Luis María Bandrés, Itziar Zubia

eman ta zabal zazu
Universidad del País Vasco
Euskal Herriko Unibertsitatea
ARGITALPEN ZERBITZUA
SERVICIO EDITORIAL

ISBN: 978-84-9860-190-9

Depósito legal / Lege gordailua: BI-165-09

Fotocomposición / Fotokonposizioa: Rali, S.A.
Particular de Costa, 8-10 - 48010 Bilbao

Impresión / Inprimatzea: Itxaropena, S.A.
Araba Kalea, 45 - 20800 Zarautz (Gipuzkoa)

Índice general

Capítulo 1

Análisis transitorio

1.1. Introducción

Hasta ahora hemos analizado circuitos en régimen permanente o estacionario: tanto en corriente continua como en corriente alterna la respuesta de los circuitos ha sido estacionaria.

Si en un circuito que se encuentra en régimen estacionario cambia alguna de sus características, el circuito pasa por un estado transitorio hasta volver de nuevo al estado estacionario. Los cambios que pueden producirse en un circuito son los siguientes: variación de los valores de los parámetros R, L o C, variación en alguna fuente, un interruptor que se abre o se cierra, conductores que se rompen, cortocircuitos inesperados, etc.

Las magnitudes que se utilizan para analizar los diferentes estados por los que pasa un circuito son la corriente y la tensión. Por lo tanto, para conocer la evolución en el transitorio de las magnitudes de los circuitos eléctricos, deben plantearse y resolverse las ecuaciones diferenciales correspondientes a dichas magnitudes.

Para poder analizar la respuesta de los circuitos en régimen transitorio, repasaremos el comportamiento de los tres elementos pasivos que los forman: R, L y C.

1.1.1. Resistencia

La ecuación que describe la relación entre la tensión y la corriente de una resistencia es la Ley de Ohm.

$$v(t) = R\ i(t) \tag{1.1}$$

Una resistencia absorbe energía eléctrica y la disipa en forma de calor (Ley de Joule). La potencia absorbida es:

$$p(t) = v(t)i(t) = Ri(t)^2 \tag{1.2}$$

La energía absorbida vale:

$$\Delta E(t) = \int_{t_0}^{t} p(t)dt \tag{1.3}$$

La respuesta de una resistencia ante cualquier cambio que pueda producirse en el circuito es instantánea en el tiempo, cumpliendo en todo momento la Ley de Ohm.

1.1.2. Inductancia

La siguiente ecuación describe la relación entre la tensión y la corriente en una inductancia:

$$v(t) = L\ \frac{di(t)}{dt} \tag{1.4}$$

A partir de esta ecuación, se deduce que el valor de la corriente en una inductancia es:

$$di(t) = \frac{v(t)}{L}\ dt$$

$$\int_{t_0}^{t} di(t) = \int_{t_0}^{t} \frac{v(t)}{L}\ dt$$

$$i(t) = i(t_0) + \frac{1}{L}\int_{t_0}^{t} v(t)dt \tag{1.5}$$

Una inductancia ideal absorbe energía y se la entrega al circuito sin que se produzcan pérdidas. La ecuación de la potencia de una inductancia es la siguiente:

$$p(t) = v(t)i(t) = L\ i(t)\frac{di(t)}{dt} \tag{1.6}$$

Y su energía vale:

$$\Delta E(t) = \int_{t_0}^{t} p(t)dt = \frac{1}{2}L[i(t)^2 - i(t_0)^2] \tag{1.7}$$

Cuando se alimenta el circuito con una fuente de corriente continua, $i(t)$ es constante y, por lo tanto, $v(t) = 0$. Así, en los circuitos de corriente continua las inductancias se comportan como cortocircuitos.

Cuando se produce algún cambio en el circuito:

- la corriente i(t) es una función continua en el tiempo, es decir,

$$i(t_0^-) = i(t_0^+)$$

- la tensión v(t) puede ser una función discontinua en el tiempo, es decir,

$$v(t_0^-) \neq v(t_0^+)$$

1.1.3. Condensador

La ecuación que describe la relación entre la tensión y la corriente en un condensador es:

$$i(t) = C\ \frac{dv(t)}{dt} \tag{1.8}$$

Partiendo de esta ecuación, se concluye que el valor de la tensión en un condensador será:

$$dv(t) = \frac{i(t)}{C}\ dt$$

$$\int_{t_0}^{t} dv(t) = \int_{t_0}^{t} \frac{i(t)}{C}\ dt$$

$$v(t) = v(t_0) + \frac{1}{C}\int_{t_0}^{t} i(t)dt \tag{1.9}$$

Un condensador ideal absorbe energía y se la entrega al circuito sin que se produzcan pérdidas. La ecuación de la potencia de un condensador es la siguiente:

$$p(t) = v(t)i(t) = C\ v(t)\frac{dv(t)}{dt} \tag{1.10}$$

Y su energía vale:

$$\Delta E(t) = \int_{t_0}^{t} p(t)dt = \frac{1}{2}C[v(t)^2 - v(t_0)^2] \tag{1.11}$$

Cuando se alimenta el circuito con una fuente de corriente continua, $v(t)$ es constante y, por lo tanto, $i(t) = 0$. Así, en los circuitos de corriente continua los condensadores se comportan como circuitos abiertos.

Cuando se produce algún cambio en el circuito:

- la corriente i(t) puede ser una función discontinua en el tiempo, es decir,

$$i(t_0^-) \neq i(t_0^+)$$

- la tensión v(t) es una función continua en el tiempo, es decir,

$$v(t_0^-) = v(t_0^+)$$

1.1.4. Resumen

Cuando en un circuito tememos inductancias o condensadores y se produce algún cambio en él, las magnitudes del circuito irán variando hasta alcanzar los nuevos valores que les correspondan. Las resistencias responden instantáneamente a esos cambios, pero la respuesta de los otros dos elementos no es tan sencilla: la tensión en un condensador no puede variar inmediatamente (sí lo puede hacer, en cambio, su corriente) y la corriente en una inductancia no puede variar inmediatamente (sí lo puede hacer, en cambio, su tensión). Por lo tanto, estas magnitudes necesitarán más tiempo para alcanzar de nuevo el estado estacionario. Este intervalo de tiempo se denomina tiempo de régimen transitorio y durante dicho intervalo todas las magnitudes del circuito son variables en el tiempo.

1.2. Análisis transitorio

Existen diferentes métodos para llevar a cabo el análisis transitorio:

Método clásico: La resolución de las ecuaciones diferenciales se realiza en el dominio del tiempo. Se trata de una aplicación directa de los métodos de resolución de las ecuaciones diferenciales de primer y segundo orden.

Transformada de Laplace: Utilizando esta transformada, las ecuaciones diferenciales se convierten en ecuaciones algebraicas. Una vez que se haya obtenido la solución algebraica, se aplica la transformada inversa a la respuesta calculada.

Variables de estado: La ecuación diferencial de orden N se transforma en N ecuaciones diferenciales. Se utilizan N variables de estado y se resuelve utilizando el cálculo matricial.

1.3. Ecuaciones de primer orden

La expresión general de la ecuación correspondiente a circuitos de tipo RL o RC es una ecuación diferencial de primer orden:

$$\frac{dx}{dt} + \frac{x}{\tau} = f(t) \tag{1.12}$$

- cuando $f(t) = 0$, se denomina ecuación diferencial homogénea

$$\frac{dx}{dt} + \frac{x}{\tau} = 0 \tag{1.13}$$

En esta ecuación la expresión de la variable $x(t)$ es $x(t) = Ae^{st}$. Para calcular el valor de s,

$$A\ s\ e^{st} + \frac{Ae^{st}}{\tau} = 0$$

$$A\ e^{st}(s + \frac{1}{\tau}) = 0 \ \rightarrow \ s = -\frac{1}{\tau}$$

$$x(t) = Ae^{-t/\tau}$$

El valor del parámetro A se calcula aplicando las CONDICIONES INICIALES:

si en el instante $t = 0$ se cumple que $x(0) = X_0$:

$$X_0 = A\ e^{-0} = A$$

por lo que la solución de la ecuación diferencial homogénea es la siguiente:

$$x(t) = X_0\ e^{-t/\tau} \tag{1.14}$$

Se denomina también RESPUESTA NATURAL.

- Cuando $f(t) = K$ es un valor constante,

$$\frac{dx}{dt} + \frac{x}{\tau} = K \tag{1.15}$$

$$\frac{dx}{dt} = \frac{K\tau - x}{\tau}$$

$$\int \frac{dx}{x - K\tau} = \int -\frac{dt}{\tau}$$

$$\ln(x - K\tau) = -\frac{t}{\tau} + D$$

$$(x - K\tau) = e^{-\frac{t}{\tau}}\ e^{D}$$

$$x(t) = \tau K + Ae^{-t/\tau}$$

Esta ecuación debe cumplir necesariamente las CONDICIONES INICIALES: $t = 0, x(0) = X_0$

$$X_0 = \tau K + A \rightarrow\ A = X_0 - K\tau$$

por lo tanto,

$$x(t) = K\tau + (X_0 - K\tau)e^{-t/\tau}$$

Cuando la respuesta se estabiliza ($t = \infty$), se denomina CONDICIÓN FINAL. Cuando $t = \infty$, $x(\infty) = X_\infty$.

$$X_\infty = K\tau + (X_0 - K\tau)e^{-\infty} = K\tau$$

Por lo tanto, la solución de la ecuación diferencial será:

$$x(t) = X_\infty + (X_0 - X_\infty)e^{-t/\tau} \tag{1.16}$$

1.4. Propiedades de la respuesta exponencial

Hemos visto que la respuesta natural de las ecuaciones de primer orden es exponencial.

$$X_n = X_0 e^{-t/\tau}$$

Representaremos $\frac{X_n}{X_0}$:

t	$\frac{x_n(t)}{X_0}$
$t = 0$	1
$t = \tau$	$e^{-1} = 0{,}368$
$t = 2\tau$	$e^{-2} = 0{,}135$
$t = 3\tau$	$e^{-3} = 0{,}0498$
$t = 4\tau$	$e^{-4} = 0{,}0183$
$t = 5\tau$	$e^{-5} = 0{,}00674$

Cuadro 1.1: Tabla de valores de la función exponencial

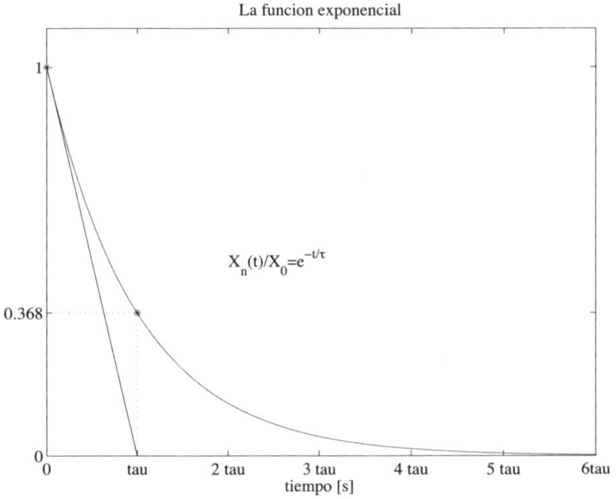

Tasa de decrecimiento inicial:

$$\frac{d}{dt}(\frac{X_n(t)}{X_0})|_{t=0} = \frac{d}{dt}e^{\frac{-t}{\tau}}|_{t=0} =$$

$$= -\frac{1}{\tau}e^{-\frac{t}{\tau}}|_{t=0} = -\frac{1}{\tau}$$

En el caso de que la tasa de decrecimiento de la respuesta $\frac{X_n(t)}{X_0}$ fuera una constante, en el instante $t = \tau$ se cumpliría que $\frac{X_n(t)}{X_0} = 0$. τ es la **constante de tiempo** de la respuesta y se mide en segundos.

1.5. Respuesta natural de los circuitos

En primer lugar, analizaremos circuitos **sin fuentes** que tienen elementos R, L y C. Supondremos que la inductancia y el condensador tienen energía almacenada y analizaremos cómo pierden esa energía con el tiempo.

1.5.1. Respuesta natural de los circuitos RC

Aplicando el lema de Kirchhoff de corrientes en el circuito RC:

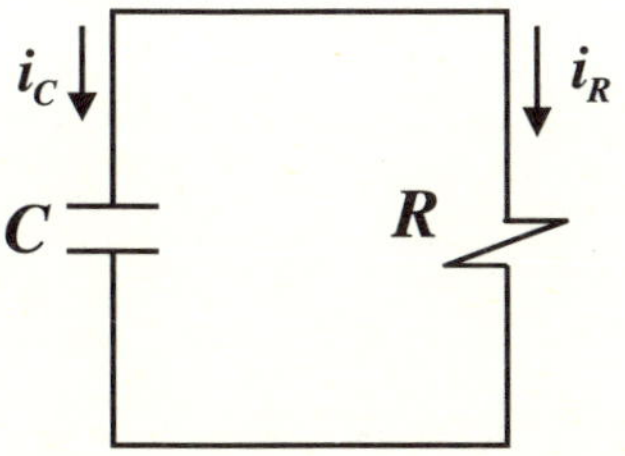

$$i_C + i_R = 0$$

$$C\frac{dv}{dt} + \frac{v}{R} = 0$$

$$\frac{dv}{dt} + \frac{v}{CR} = 0$$

Se trata de la ecuación diferencial del circuito. Comparando con las ecuaciones diferenciales de primer orden analizadas previamente, se obtiene que la constante de tiempo es:

$$\tau = RC \tag{1.17}$$

y la respuesta a la ecuación del circuito será $v(t)$.

$$v(t) = V_0 e^{-t/\tau} \tag{1.18}$$

- Para calcular V_0 hay que aplicar las CONDICIONES INICIALES. En la primera configuración el valor de la tensión en el condensador es el que corresponde al régimen permanente (es decir, sustituyendo el condensador por un circuito abierto).

- Para hallar τ en la segunda configuración, se calcula $\tau = R_{eq}C_{eq}$.

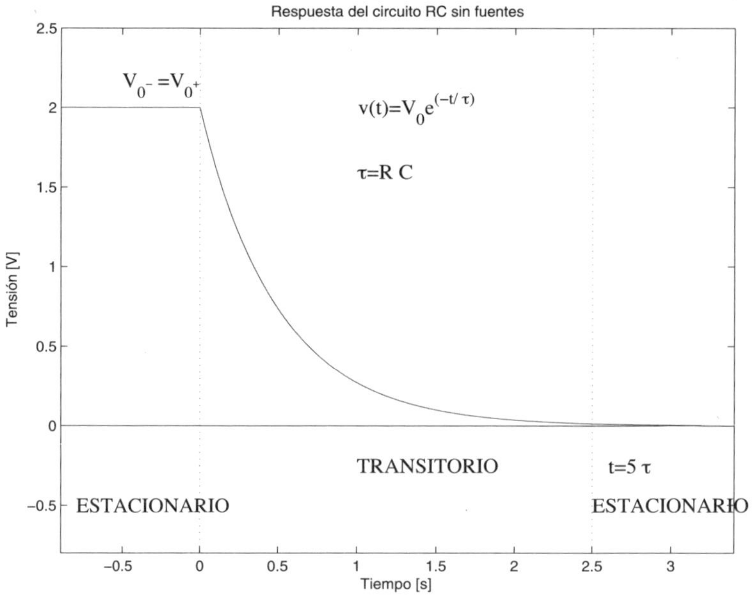

Ejemplo 1:

En el siguiente circuito, calcula $v(0^+)$, $i(0^+)$ y $v(2ms)$:

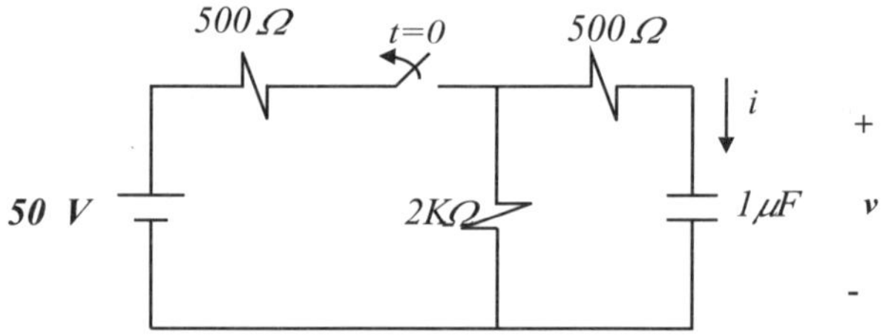

Resolución:

- CONDICIONES INICIALES: en la primera configuración (Interruptor cerrado) para calcular V_0 cuando el circuito se ha estabilizado, se sustituye el condensador por un circuito abierto:

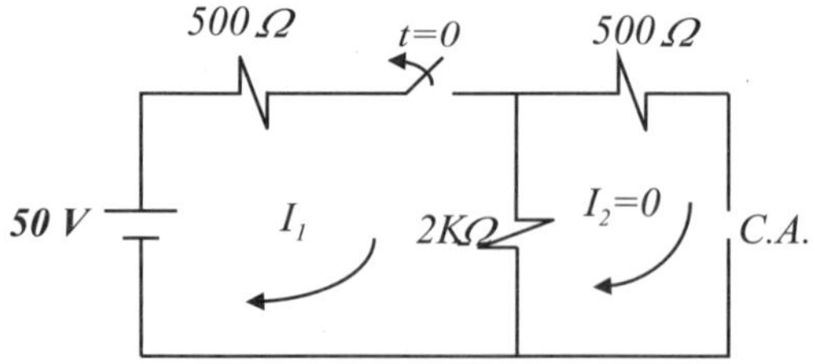

$$50 = 500\ I_1 + 2000\ (I_1 - I_2) \rightarrow I_1 = 20mA$$
$$V_0 = v(0^-) = I_1\ 2000 = 40V$$

- Ahora calcularemos la CONSTANTE DE TIEMPO τ en la segunda configuración (Interruptor abierto):

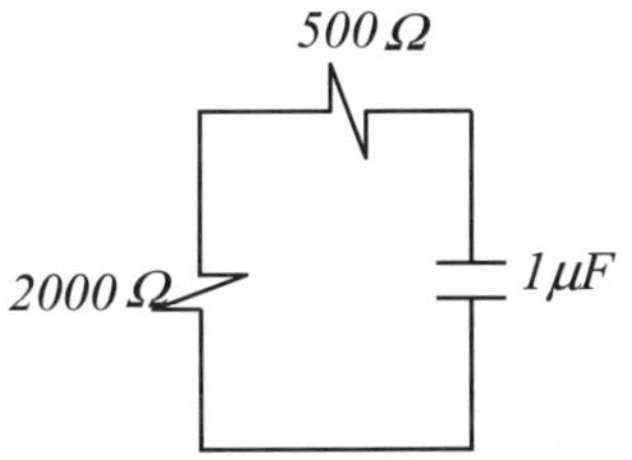

$$R_{eq} = 2500\ \Omega$$

$$C_{eq} = 1\mu F$$

$$\tau = R_{eq} * C_{eq} = 2{,}5 * 10^{-3}s$$

- Por lo tanto, en la ecuación $v(t) = V_0\ e^{-t/\tau}$ sustituiremos los valores obtenidos:

$$v(t) = 40\ e^{-t/2{,}5*10^{-3}} = 40\ e^{-400t}\ V$$

- Ahora, para calcular la corriente se aplicará la ley del condensador:

$$i(t) = C\ \frac{d\ v(t)}{dt} = 10^{-6} * (-400) * 40\ e^{-400t} = -16 * 10^{-3}\ e^{-400t}\ A$$

$$i(0^+) = -16 * 10^{-3} = -16\ mA$$

Tal y como se puede observar, en el condensador $i(0^-) \neq i(0^+)$

Por último, $v(2ms) = 40e^{-400*2*10^{-3}} = 17{,}97V$.

1.5.2. Respuesta natural de los circuitos RL

Las ecuaciones del circuito RL son la Ley de Kirchhoff de Tensiones y las leyes de la inductancia y la resistencia.

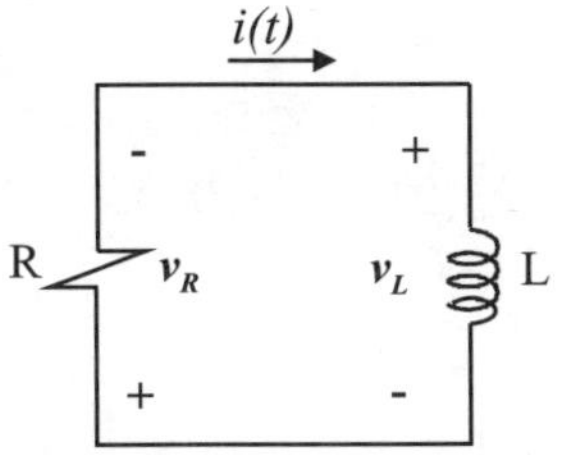

$$v_R + v_L = 0$$

$$iR + L\frac{di}{dt} = 0$$

$$\frac{di}{dt} + \frac{R}{L}i = 0$$

Ésta es la ecuación diferencial de primer orden del circuito. Tal y como hemos visto, la respuesta (en este caso la corriente) será:

$$i(t) = Ae^{-t/\tau}$$

Si la condición inicial es $i(0) = I_0$, $I_0 = A * 1 \rightarrow A = I_0$. La constante de tiempo del circuito

$$\tau = \frac{L}{R} \tag{1.19}$$

y la corriente del circuito:

$$i(t) = I_0 e^{-\frac{R}{L}t} \tag{1.20}$$

- Para calcular I_0 se deben aplicar las CONDICIONES INICIALES. En la primera configuración el valor de la corriente es el que tiene la inductancia cuando se encuentra en régimen permanente (sustituyendo la inductancia por un cortocircuito)

- Para hallar τ en la segunda configuración, se calcula $\tau = L_{eq/}R_{eq}$.

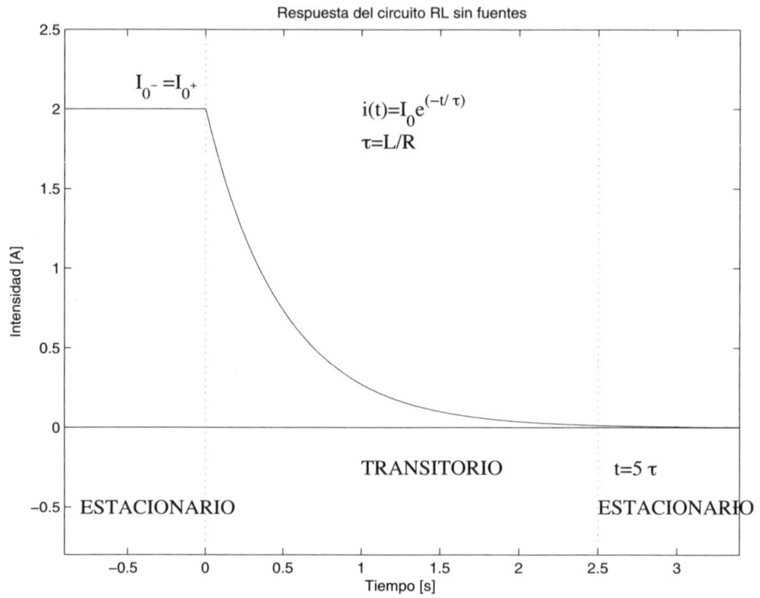

Ejemplo 2:

Encuentra para el siguiente circuito los valores de $i_L(0^+)$ y $v_L(0^+)$:

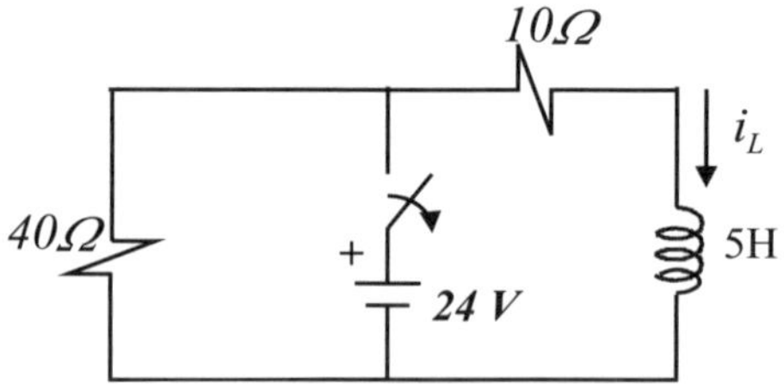

Resolución:

- CONDICIONES INICIALES: para calcular I_0 en la primera configuración cuando el circuito se ha estabilizado, se sustituye la inductancia por un cortocircuito:

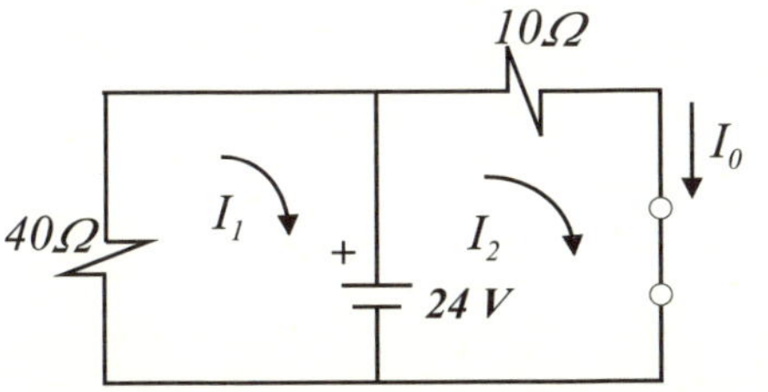

$$24 = I_2\ 10 \rightarrow I_2 = 2{,}4A$$

$$I_0 = I_2 = 2{,}4A$$

- Ahora calcularemos la CONSTANTE DE TIEMPO τ en la segunda configuración:

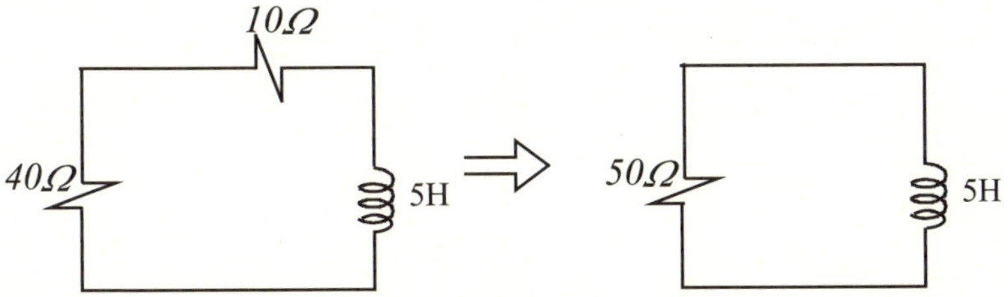

$$\tau = \frac{L}{R_{eq}} = \frac{5}{50} = 0{,}1s$$

- Sustituyendo los valores obtenidos en la ecuación $i_L(t) = I_0\ e^{-t/\tau}$:

$$i_L(t) = 2{,}4\ e^{-t/0{,}1} = 2{,}4\ e^{-10t}\ A$$

- Ahora, para calcular la tensión:

$$v_L(t) = L\ \frac{d\ i(t)}{dt} = 5 * (-10) * 2{,}4\ e^{-10t} = -120\ e^{-10t}\ V$$

$$v_L(0^+) = -120\ V$$

Tal y como puede observarse, en la inductancia $v(0^-) \neq v(0^+)$

- Si se quiere calcular la tensión en la resistencia de 40Ω:

$$v_{40\Omega}(t) = i(t) \cdot 40$$

Por lo que $v_{40\Omega}(0^+) = i(0^+) \cdot 40$

1.6. Circuitos con fuentes

Los circuitos que hemos analizado hasta ahora tenían fuentes al principio pero, al producirse algún cambio en el circuito, se quedaban sin fuentes. Hemos analizado, entonces, la pérdida de energía por parte de los elementos del circuito.

En este apartado, analizaremos la respuesta de los circuitos cuando, tras variar su configuración, quedan conectados a alguna fuente.

1.6.1. Excitación tipo escalón

El funcionamiento del interruptor se expresa utilizando la función escalón.

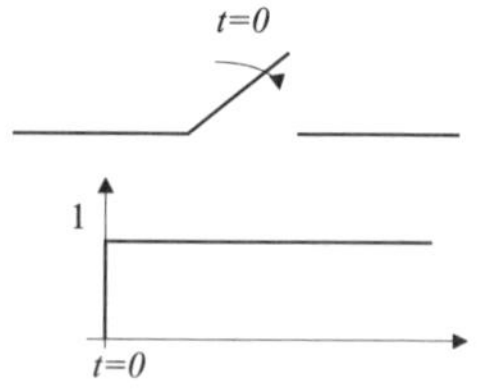

La función escalón unitario se define de la siguiente manera:

$$u(t) = \begin{cases} 1 & t > 0 \\ 0 & t < 0. \end{cases}$$

$$u(t - t_0) = \begin{cases} 1 & t > t_0 \\ 0 & t < t_0. \end{cases}$$

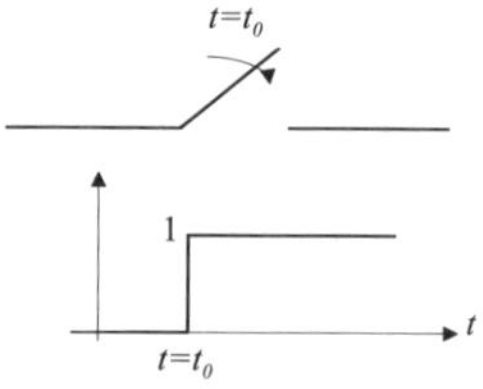

La función que desempeña un interruptor en un circuito es:

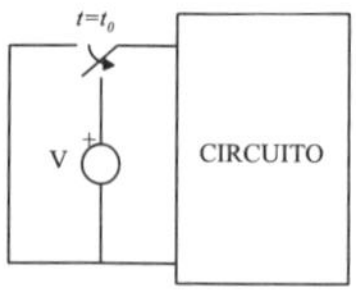

Representación exacta

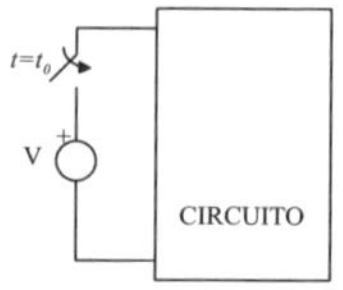

Representación aproximada

También se define la función $u(-t)$ de la siguiente manera:

$$u(-t) = \begin{cases} 0 & t > 0 \\ 1 & t < 0. \end{cases}$$

1.6.2. Circuitos RL con fuentes

Al siguiente circuito RL le conectaremos un generador:

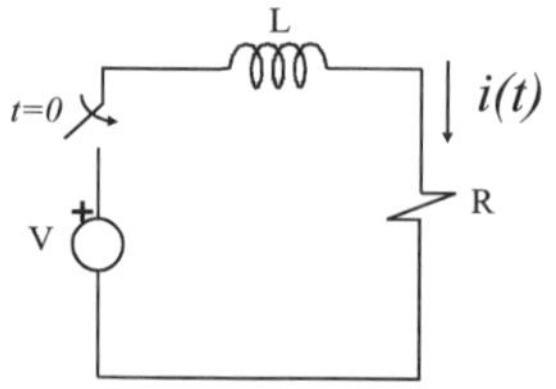

Circuito equivalente:

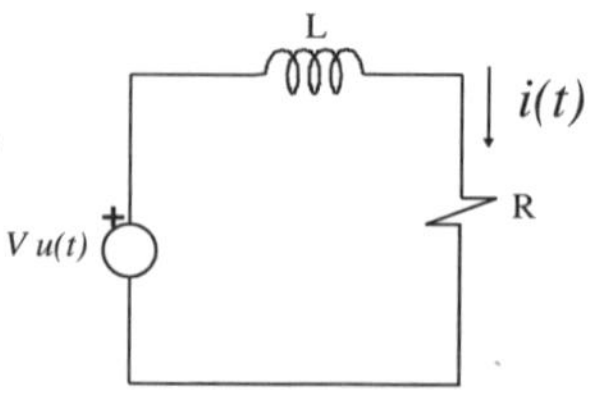

Aplicando el lema de Kirchhoff de tensiones:

$$Vu(t) = iR + L\frac{di}{dt}$$

$$\frac{V}{L} = i\frac{R}{L} + \frac{di}{dt}$$

Comparando con la ecuación diferencial de primer orden:

$$\frac{dx}{dt} + \frac{x}{\tau} = k \rightarrow \begin{cases} \tau = L/R \\ k = V/L \end{cases}$$

y la solución de la ecuación es:

$$x(t) = X_\infty + (X_0 - X_\infty)e^{-t/\tau}$$

por lo tanto, la corriente del circuito RL queda así:

$$i(t) = I_\infty + (I_0 - I_\infty)e^{-t/\tau} \tag{1.21}$$

Los datos necesarios para calcular la corriente del circuito son τ, I_∞, I_0:

- I_0 se obtiene aplicando las condiciones iniciales, es decir, la configuración inicial cuando está en estado estacionario (tomando la inductancia como un cortocircuito).
- τ es la constante de tiempo (deben quitarse las fuentes) para $t > 0$.
- Se obtiene I_∞ aplicando las condiciones finales: la segunda configuración cuando se encuentra en régimen permanente (se toma la inductancia como un cortocircuito).

En el caso que estamos analizando:

$$I_0 = 0$$

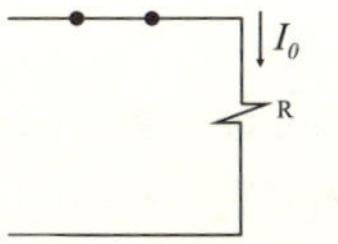

$$\tau = \frac{L}{R}$$

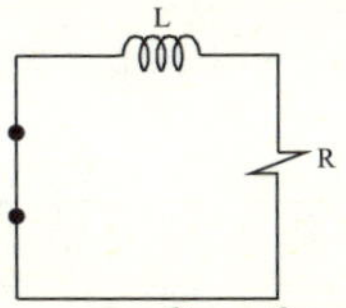

$$I_\infty = \frac{V}{R}$$

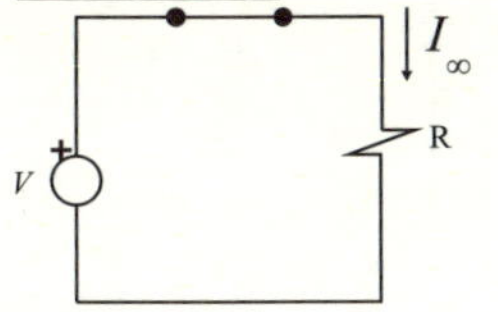

Por lo tanto,

$$i(t) = I_\infty + (I_0 - I_\infty)e^{-t/\tau}$$

$$i(t) = \frac{V}{R} + (0 - \frac{V}{R})e^{-t\frac{R}{L}} = \frac{V}{R} - \frac{V}{R}e^{-t\frac{R}{L}}$$

En la figura que aparece a continuación se resumen las características de la respuesta de circuitos RL que tienen fuentes:

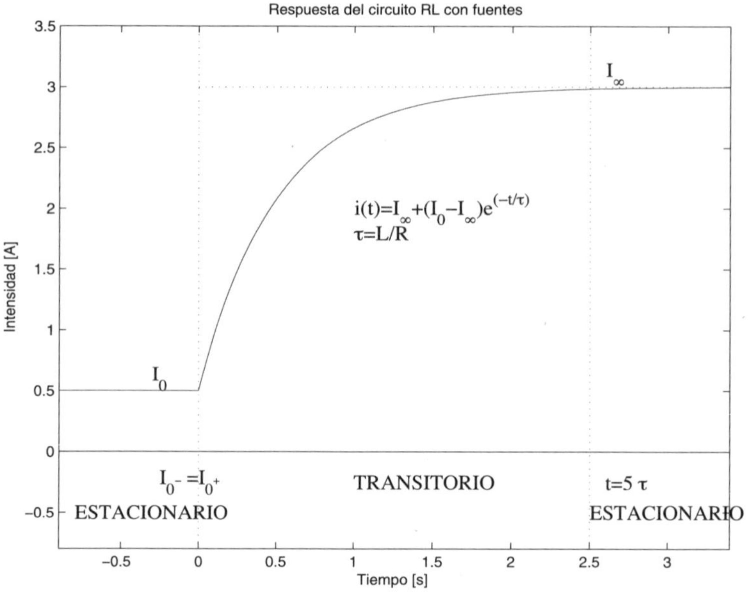

1.6.3. Circuitos RC con fuentes

Los datos que son necesarios para hallar la tensión del condensador son τ, V_∞, V_0:

- V_0 se obtiene aplicando las condiciones iniciales, es decir, la configuración inicial cuando está en estado estacionario (tomando el condensador como un circuito abierto).
- τ es la constante de tiempo (deben quitarse las fuentes) para $t > 0$.
- Se obtiene V_∞ aplicando las condiciones finales: la segunda configuracion cuando se encuentra en régimen permanente (se toma el condensador como un circuito abierto).

Analizaremos el siguiente circuito RC:

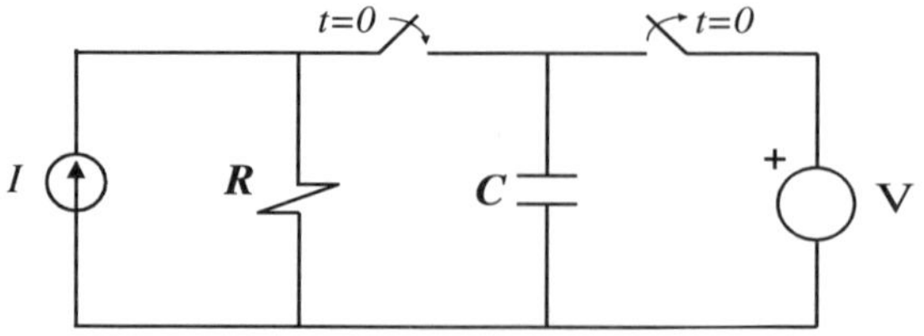

Cuando $t < 0$, se produce la carga del condensador:

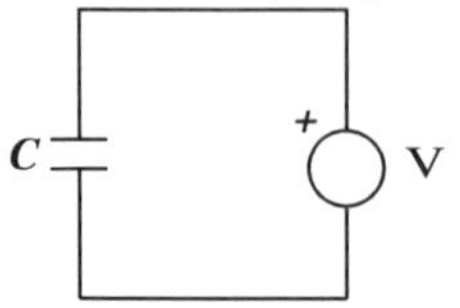

$$V_0 = V$$

Cuando $t > 0$, se descarga a través de la resistencia.

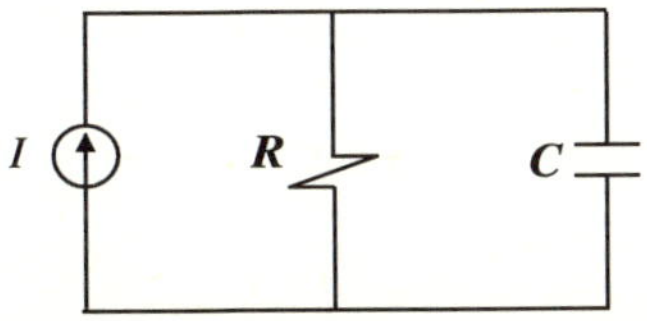

Aplicando el lema de Kirchhoff de corrientes:

$$I = \frac{v}{R} + C\frac{dv}{dt}$$

$$\frac{I}{C} = \frac{v}{RC} + \frac{dv}{dt}$$

Comparando con la ecuación diferencial de primer orden:

$$\frac{dx}{dt} + \frac{x}{\tau} = k \rightarrow \begin{cases} \tau = R * C \\ k = I/C \end{cases}$$

y la solución de la ecuación es:

$$x(t) = X_\infty + (X_0 - X_\infty)e^{-t/\tau}$$

por lo tando, la tensión del circuito RC queda así:

$$v(t) = V_\infty + (V_0 - V_\infty)e^{-t/RC} \tag{1.22}$$

Para calcular V_∞, utilizaremos la configuración correspondiente a $t > 0$ una vez que se haya estabilizado.

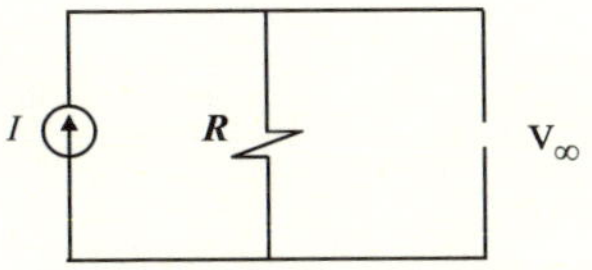

$V_\infty = IR$.

Por ejemplo:

$V = 20$ V, $R = 2\Omega$, $I = 2A$ y $C = 100mF$

la respuesta del circuito será:

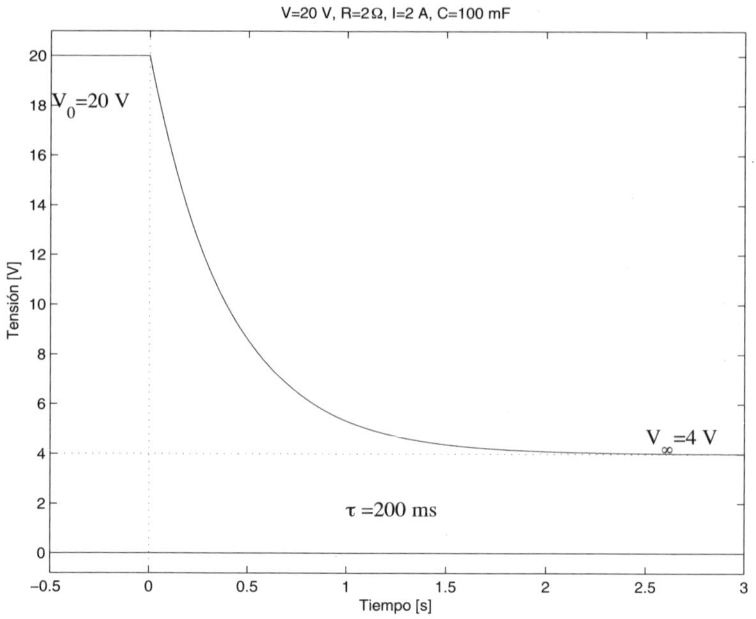

Por ejemplo:

$V = 1$ V, $R = 2\Omega$, $I = 2$ A y $C = 100mF$
la respuesta del circuito será:

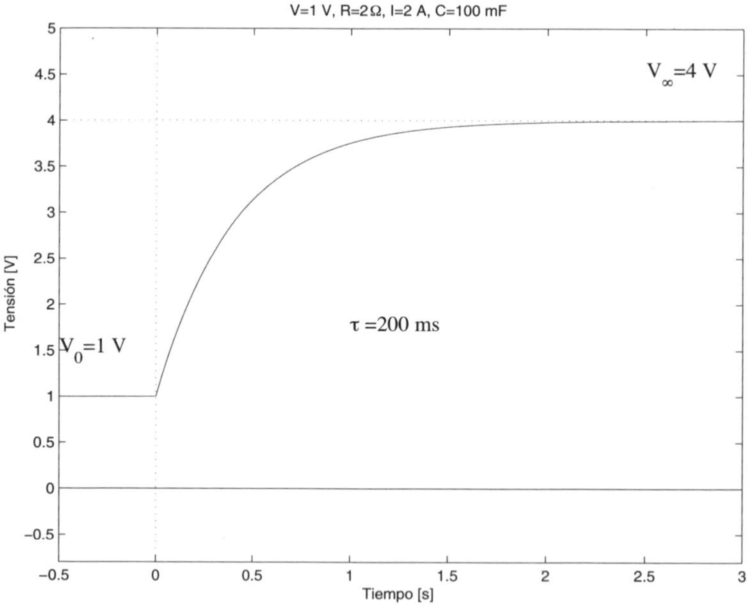

1.6.4. Respuesta natural y respuesta forzada

La expresión de la corriente en una inductancia es:

$$i(t) = I_\infty + (I_0 - I_\infty)e^{\frac{-t}{L/R}}$$

$$i(t) = i_f + i_n$$

La expresión de la tensión en un condensador es:

$$v(t) = V_\infty + (V_0 - V_\infty)e^{\frac{-t}{RC}}$$

$$v(t) = v_f + v_n$$

- La RESPUESTA NATURAL del circuito es una exponencial decreciente. La constante de tiempo de la respuesta natural (τ) depende únicamente de las características del circuito, y en ningún caso de las fuentes conectadas.

  La respuesta natural tiende a cero a medida que el circuito pierde energía ($t \to \infty$).

- La RESPUESTA FORZADA del circuito: el valor que toma al alcanzar el estado estacionario ($t = \infty$) una vez movido el interruptor.

  Las características de la respuesta forzada dependen de la función de excitación.

  Analizándolo gráficamente:

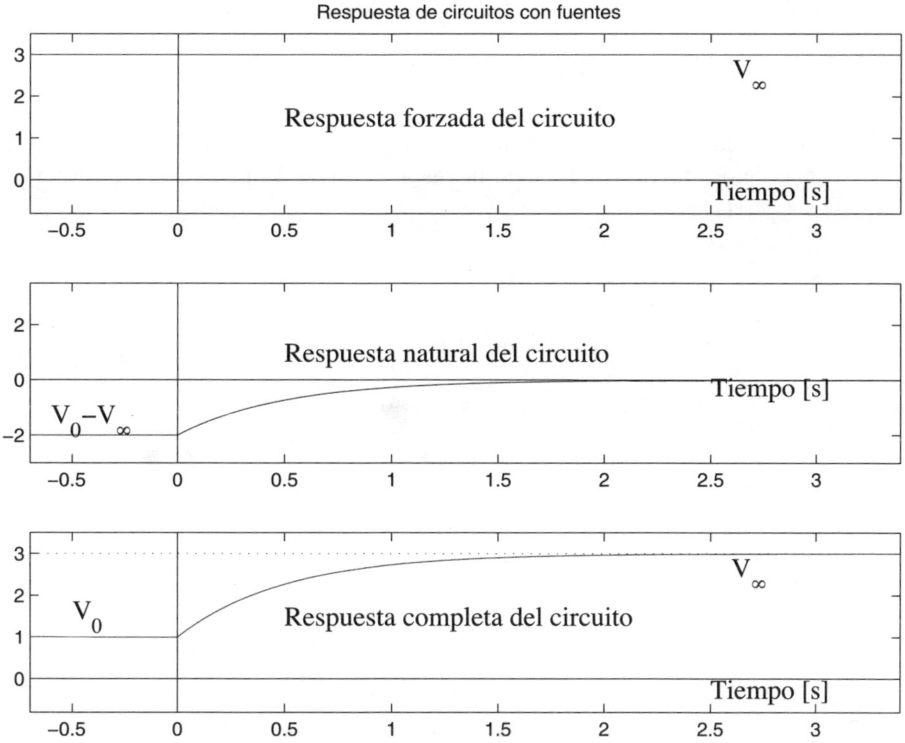

1.7. Circuitos con fuentes dependientes

Se ha visto que la respuesta de un circuito RC o RL tiene la forma: $x(t) = X_0 \cdot e^{-t/\tau}$, donde las constantes de tiempo son $\tau = R \cdot C$ o $\tau = L/R$, calculadas desactivando las fuentes independientes.

Cuando un circuito tiene fuentes dependientes, como éstas no se pueden desconectar para calcular R_{eq}, la solución es calcular la R_{TH} vista desde el elemento almacenador de cada caso. Además se trata de un caso particular del circuito equivalente de Thevenin donde:
$R_{TH} = \frac{U_{TH}}{I_N}$

- U_{TH} es la tensión de circuito abierto, desconectando el elemento almacenador
- I_N es la corriente de cortocircuito substituyendo el elemento almacenador por un cortocircuito

1.8. Conmutación secuencial

La conmutación secuencial es la acción de dos o más interruptores activados en un circuito en diferentes instantes.

Cuando un interruptor se conmuta en un instante $t = t_1$ la respuesta natural del circuito es:

$$x(t) = X_\infty + (X_0 - X_\infty)e^{\frac{-(t-t_1)}{\tau}}$$

Si se tienen dos interruptores con conmutación secuencial,

- la primera conmutación se calcula de la forma habitual,

$$x_1(t) = X_{\infty 1} + (X_{01} - X_{\infty 1})e^{\frac{-t}{\tau_1}}$$

- pero para la segunda conmutación (ocurrida en $t = t_1$) habrá que conocer su condición inicial a partir de la respuesta tras la primera conmutación: $X_{02} = x_1(t_1)$

$$x_2(t) = X_{\infty 2} + (X_{02} - X_{\infty 2})e^{\frac{-(t-t_1))}{\tau_2}} = X_{\infty 2} + (x_1(t_1) - X_{\infty 2})e^{\frac{-(t-t_1))}{\tau_2}}$$

La respuesta completa del circuito será:

$$x(t) = \begin{cases} X_{\infty 1} + (X_{01} - X_{\infty 1})e^{\frac{-t}{\tau_1}} & t < t_1 \\ X_{\infty 2} + (x_1(t_1) - X_{\infty 2})e^{\frac{-(t-t_1))}{\tau_2}} & t > t_1. \end{cases}$$

Capítulo 2

Transformada de Laplace

2.1. Introducción

Varias técnicas utilizadas en ingeniería se basan en reemplazar funciones de una variable real (generalmente tiempo o distancia), por ciertas representaciones que dependen de una variable compleja (que depende a menudo de la frecuencia).

En concreto, en el análisis de circuitos se pretende calcular la corriente o la tension en algún punto de una red eléctrica lineal en la que la excitación consiste en una onda periódica, es decir, una forma de onda que depende del tiempo.

Al analizar estos circuitos, las ecuaciones matemáticas que aparecen en el dominio del tiempo suelen ser, en general, ecuaciones integro-diferenciales y su resolución depende de la forma de la excitación; en la mayoría de los casos el nivel de complejidad matemática es bastante elevado.

Para evitarlo, dichas ecuaciones diferenciales se pueden expresar, mediante la transformada de Laplace, en otro dominio en el que se convierten en ecuaciones algebraicas. La variable en este nuevo dominio será s.

$$v(t) \xrightarrow{\mathcal{L}} V(s)$$

Una vez obtenidos en el dominio de Laplace los valores de la tensión y/o de la corriente, hay que volver atrás, utilizando la transformada inversa, para obtener la respuesta del circuito en el dominio del tiempo.

$$V(s) \xrightarrow{\mathcal{L}^{-1}} v(t)$$

El problema puede plantearse de otra manera, sin que sea necesario transformar las ecuaciones matemáticas: aplicar la transformada de Laplace al conjunto del circuito, incluida la excitación, trabajar eléctricamente en dicho dominio y, por último, retroceder tal y como se ha dicho anteriormente.

2.2. Definición

Sea $f(t)$, donde t es el tiempo, una función de una variable real, definida para $t > 0$. Entonces,

$$\mathcal{L}\{f(t)\} = F(s) = \int_{0^+}^{\infty} f(t)\ e^{-st}\ dt \tag{2.1}$$

La función $F(s)$ es la transformada de Laplace de esa función $f(t)$, siendo s la variable compleja. ($s = \sigma + j\ \omega$ siendo σ y ω las variables reales y $j = \sqrt{-1}$).

2.3. Transformada de las funciones básicas

1. Función escalón: $f(t) = u(t) = 1\ t > 0$

$$\mathcal{L}\{f(t)\} = F(s) = \int_{0^+}^{\infty} u(t)\ e^{-st}\ dt = \int_{0^+}^{\infty} 1\ e^{-st}\ dt$$

$$= -\frac{1}{s}\ [e^{-st}]_0^{\infty}\ = \frac{1}{s} = F(s)$$

2. Sea $f(t) = e^{-t}u(t)$ la función exponencial

$$\mathcal{L}\{f(t)\} = F(s) = \int_{0^+}^{\infty} 1e^{-t}\ e^{-st}\ dt = \int_{0^+}^{\infty} e^{-(s+1)t}\ dt$$

$$= -\frac{1}{s+1}\ [e^{-(s+1)t}]_0^{\infty}\ = \frac{1}{s+1} = F(s)$$

3. Sea $f(t) = e^{-\alpha t}u(t)$

$$\mathcal{L}\{f(t)\} = F(s) = \int_{0^+}^{\infty} 1e^{-\alpha t}\ e^{-st}\ dt = \int_{0^+}^{\infty} e^{-(s+\alpha)t}\ dt$$

$$= -\frac{1}{s+\alpha}\ [e^{-(s+\alpha)t}]_0^{\infty}\ = \frac{1}{s+\alpha} = F(s)$$

4. La función rampa $f(t) = t\ u(t)$

$$\mathcal{L}\{f(t)\} = F(s) = \int_{0^+}^{\infty} t\ e^{-st}\ dt = [-\frac{1}{s}\ e^{-st}\ t - \frac{1}{s^2}e^{-st}]_0^{\infty}\ = \frac{1}{s^2}$$

Operando de esta manera, se han obtenido las transformadas de muchas funciones y así se han realizado tablas de transformadas. Un ejemplo de tabla:

$f(t) = \mathcal{L}^{-1}\{F(s)\}$	$F(s) = \mathcal{L}\{f(t)\}$
$u(t)$	$\frac{1}{s}$
$t\ u(t)$	$\frac{1}{s^2}$
$e^{-\alpha t}u(t)$	$\frac{1}{s+\alpha}$
$t\ e^{-\alpha t}u(t)$	$\frac{1}{(s+\alpha)^2}$
$sin(\omega t)u(t)$	$\frac{\omega}{s^2+\omega^2}$
$cos(\omega t)u(t)$	$\frac{s}{s^2+\omega^2}$
$sin(\omega t+\theta)u(t)$	$\frac{s sin\theta+\omega cos\theta}{s^2+\omega^2}$
$cos(\omega t+\theta)u(t)$	$\frac{s cos\theta-\omega sin\theta}{s^2+\omega^2}$
$e^{-\alpha t}sin(\omega t)u(t)$	$\frac{\omega}{(s+\alpha)^2+\omega^2}$
$e^{-\alpha t}cos(\omega t)u(t)$	$\frac{(s+\alpha)}{(s+\alpha)^2+\omega^2}$

Cuadro 2.1: Tabla de transformadas de Laplace

2.4. Transformada inversa de Laplace

Tal y como ya hemos dicho, una vez que se ha obtenido la solución del problema en el dominio de Laplace o de s, se debe hallar la expresión que le corresponde a dicho resultado en el dominio del tiempo. La transformación desde el dominio de Laplace al dominio del tiempo se denomina *transformada inversa de Laplace.*

Sea $F(s)$ la transformada de Laplace de una función $f(t)$ $(t > 0)$; entonces:

$$f(t) = \mathcal{L}^{-1}F(s) = \frac{1}{2\pi j}\int_{\sigma_0-j\infty}^{\sigma_0-j\infty} F(s)\ e^{st}\ ds \tag{2.2}$$

Nota:

En el análisis de circuitos raramente se calcula esa integral, sino que se utilizan otros caminos para calcular la solución f(t) (se utiliza la tabla).

2.5. Propiedades de la transformada de Laplace

2.5.1. Teorema de la linealidad y de la proporcionalidad

La transformada de Laplace de dos o más funciones dependientes del tiempo es igual a la suma de las transformadas de dichas funciones.

Sean $\mathcal{L}\{f_1(t)\} = F_1(s)$ y $\mathcal{L}\{f_2(t)\} = F_2(s)$; entonces:

$$\mathcal{L}\{f_1(t) + f_2(t)\} = \mathcal{L}\{f_1(t)\} + \mathcal{L}\{f_2(t)\} = F_1(s) + F_2(s) \tag{2.3}$$

La transformada de Laplace del producto de una constante por una función dependiente del tiempo es igual al producto de esa constante por la transformada de dicha función.

Sea $\mathcal{L}\{f(t) = F(s)\}$ y K una constante; entonces:

$$\mathcal{L}\{Kf(t)\} = K\mathcal{L}\{f(t)\} = KF(s) \tag{2.4}$$

Así,

$$\mathcal{L}\{K_1\ f_1(t) + K_2\ F_2(t)\} = K_1\ F_1(s) + K_2\ F_2(s) \tag{2.5}$$

análogamente,

$$\mathcal{L}^{-1}\{K_1\ F_1(s) + K_2\ F_2(s)\} = K_1\ f_1(t) + K_2\ F_2(t) \tag{2.6}$$

Ejemplo:

Encontrar la transformada inversa de $F(s)$

$$F(s) = \frac{1}{(s+1)(s+3)}$$

Resolución

$$F(s) = \frac{1}{(s+1)(s+3)} = \frac{A}{s+1} + \frac{B}{s+3}$$

$$A = \lim_{s\to -1}(s+1)F(s) = \frac{1}{2}$$

$$B = \lim_{s\to -3}(s+3)F(s) = -\frac{1}{2}$$

$$F(s) = \frac{1}{(s+1)(s+3)} = \frac{1}{2}\frac{1}{s+1} - \frac{1}{2}\frac{1}{s+3}$$

Utilizando la tabla:

$$\mathcal{L}^{-1}\{\frac{1}{s+1}\} = e^{-t}y\ \mathcal{L}^{-1}\{\frac{1}{s+3}\} = e^{-3t}$$

Por lo tanto,

$$f(t) = \mathcal{L}^{-1}\{\frac{1}{2}\frac{1}{s+1} - \frac{1}{2}\frac{1}{s+3}\} = \frac{1}{2}e^{-t} - \frac{1}{2}e^{-3t}$$

2.5.2. Teoremas de derivación e integración

DERIVACIÓN:

Si la transformada de Laplace de una función $f(t)$ es F(s), la transformada de su derivada será:

$$\mathcal{L}\{\frac{df(t)}{dt}\} = sF(s) - f(0^-) \tag{2.7}$$

La transformada de la segunda derivada:

$$\mathcal{L}\{\frac{d^2f(t)}{dt^2}\} = s^2F(s) - sf(0^-) - f'(0^-)$$

Y de la tercera derivada:

$$\mathcal{L}\{\frac{d^3f(t)}{dt^3}\} = s^3F(s) - s^2f(0^-) - sf'(0^-) - f''(0^-)$$

donde $f'(0^-)$ es el valor de la primera derivada de $f(t)$ cuando $t = 0^-$, y así sucesivamente.

Notas:

1. Cuando todas las condiciones iniciales son nulas, derivar una vez respecto de t, supone multiplicar por s en el dominio de la frecuencia; derivar dos veces, multiplicar por s^2, etc.

2. Cuando las condiciones iniciales son distintas de cero, es necesario tenerlas en cuenta.

Ejemplo:

En este circuito, $i(0) = 5\ A$. Calcular $i(t)$, para $t > 0$.

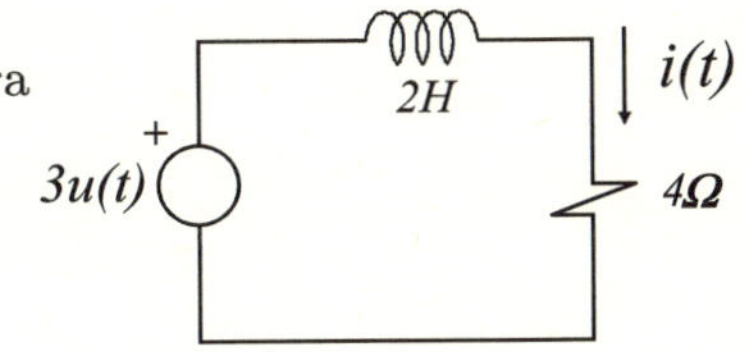

Resolución

Aplicando la Ley de Kirchhoff de Tensiones al circuito:

$$3u(t) = 2\frac{di}{dt} + 4\ i$$

Aplicando la transformada de Laplace a esta ecuación:

$$\mathcal{L}\{3u(t)\} = \mathcal{L}\{2\frac{di}{dt} + 4\ i\}$$

$$\frac{3}{s} = 2[sI(s) - i(0^-)] + 4I(s)$$

$$\frac{3}{s} = 2[sI(s) - 5] + 4I(s) \rightarrow I(s) = \frac{1{,}5 + 5s}{s(s+2)}$$

Para calcular la ecuación de la corriente en función del tiempo:

$$I(s) = \frac{1{,}5 + 5s}{s(s+2)} = \frac{A}{s} + \frac{B}{s+2}$$

$$A = \lim_{s \to 0} sI(s) = 0{,}75$$

$$B = \lim_{s \to -2} (s+2)I(s) = 4{,}25$$

$$I(s) = 0{,}75\frac{1}{s} + 4{,}25\frac{1}{s+2}$$

y en el dominio del tiempo:

$$t > 0, i(t) = \mathcal{L}^{-1}\{I(s)\} = (0{,}75 + 4{,}25e^{-2t})A$$

$$i(t) = \mathcal{L}^{-1}\{I(s)\} = (0{,}75 + 4{,}25e^{-2t})u(t)A$$

INTEGRACIÓN:

Si la transformada de Laplace de una función $f(t)$ es F(s), la transformada de su integral será:

$$\mathcal{L}\{\int_{0+}^{t} f(t)dt\} = \frac{F(s)}{s} \tag{2.8}$$

Ejemplo:

En el siguiente circuito, $v(0) = 9\ V$. Encontrar $i(t)$ y $v(t)$ para $t > 0$.

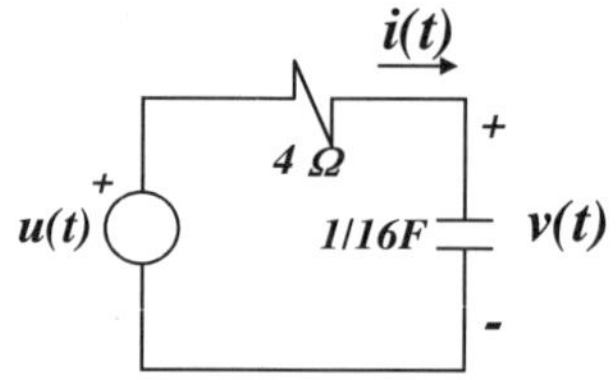

Resolución

Aplicando la Ley de Kirchhoff de Tensiones al circuito:

$$u(t) = 4i(t) + v(t)$$

$$u(t) = 4i(t) + 16\int_{0+}^{t} i(t)dt + v(0^{+})$$

Aplicando la transformada de Laplace a esta ecuación:

$$\mathcal{L}\{u(t) = 4i(t) + 16\int_{0+}^{t} i(t)dt + v(0^{+})\}$$

$$\frac{1}{s} = 4I(s) + 16\frac{I}{s} + \frac{v(0^{+})}{s}$$

$$\frac{1}{s} = 4I(s) + 16\frac{I}{s} + \frac{9}{s}$$

$$I(s) = -2\frac{1}{s+4}$$

Por lo tanto,

$$i(t) = -2e^{-4t}A, t > 0$$

Para encontrar $v(t)$:

$$\frac{v(t)-1}{4} + \frac{1}{16}\frac{dv}{dt} = 0$$

$$\frac{V(s)}{4} - \frac{1}{4s} + \frac{1}{16}sV(s) - \frac{v(0^{+})}{16} = 0$$

$$V(s)(1+\frac{s}{4}) = \frac{1}{s} + \frac{9}{4} \rightarrow V(s) = \frac{4+9s}{s(s+4)} = \frac{1}{s} + \frac{8}{s+4}$$

Por lo tanto,

$$v(t) = (1+8e^{-4t})V, t > 0$$

2.5.3. Teoremas del valor inicial y del valor final

- Teorema del valor inicial: Si la transformada de Laplace de una función $f(t)$ es F(s), el valor inicial $f(0^+)$ será:

$$f(0^+) = \lim_{t \to 0} f(t) = \lim_{s \to \infty} sF(s) \tag{2.9}$$

- Teorema del valor final: Si la transformada de Laplace de una función $f(t)$ es F(s), el valor final $f(\infty)$ será:

$$f(\infty) = \lim_{t \to \infty} f(t) = \lim_{s \to 0} sF(s) \tag{2.10}$$

Ejemplos:

Hallar $f(0^+)$ y $f(\infty)$ sin calcular $f(t)$:

a)

$$F(s) = \frac{(2s+1)^2 + 4}{[(s+3)^2 + 16](s+5)}$$

Resolución

$$f(0^+) = \lim_{s \to \infty} s \, \frac{(2s+1)^2 + 4}{[(s+3)^2 + 16](s+5)} = 4$$

$$f(\infty) = \lim_{s \to 0} s \, \frac{(2s+1)^2 + 4}{[(s+3)^2 + 16](s+5)} = 0$$

b)

$$F(s) = \frac{s^3 + 7s^2 + 5}{s(s^3 + 3s^2 + 4s + 2)}$$

Resolución

$$f(0^+) = 1$$
$$f(\infty) = \frac{5}{2}$$

2.6. El método de Laplace en el análisis de circuitos

Existen dos maneras de analizar un circuito eléctrico:

- Aplicando la transformada de Laplace a las ecuaciones diferenciales del circuito. Al aplicar esta transformada a la derivada y a la integral, nos aparecerán las condiciones iniciales $v(0^-)$ e $i(0^-)$.

- Representando el circuito inicial como un circuito que consta de las impedancias iniciales y de fuentes que tienen en cuenta las condiciones iniciales, y aplicando los lemas de Kirchhoff. Este método se analizará en el apartado 7 de este tema.

Ejemplo:

Consideremos el circuito de la figura, donde $v_1(0^-) = 10V$ y $v_2(0^-) = 25V$. Hallar $v_2(t)$, para $t > 0$.

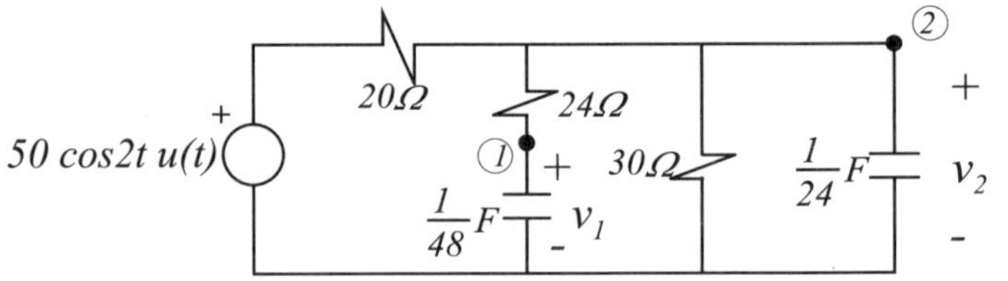

Resolución

En el nodo 1:

$$\frac{v_1 - v_2}{24} + \frac{1}{48}\frac{dv_1}{dt} = 0 \rightarrow 2v_2 = 2v_1 + \frac{dv_1}{dt}$$

En el nodo 2:

$$\frac{v_2 - 50cos(2t)}{20} + \frac{v_2 - v_1}{24} + \frac{v_2}{30} + \frac{1}{24}\frac{dv_2}{dt} = 0$$

$$\rightarrow v_1 = \frac{dv_2}{dt} + 3v_2 - 60cos(2t) \qquad (a)$$

y de aquí:

$$\frac{dv_1}{dt} = \frac{d^2v_2}{dt^2} + 3\frac{dv_2}{dt} + 120sin(2t)$$

Por lo tanto, sustituyendo en el primer resultado:

$$2v_2 = 2[\frac{dv_2}{dt} + 3v_2 - 60cos(2t)] + [\frac{d^2v_2}{dt^2} + 3\frac{dv_2}{dt} + 120sin(2t)]$$

o análogamente

$$\frac{d^2v_2}{dt^2} + 5\frac{dv_2}{dt} + 4v_2 = 120cos(2t) - 120sin(2t)$$

Aplicando la transformada de Laplace:

$$s^2V_2(s) - sv_2(0^-) - v_2'(0) + 5sV_2(s) - 5v_2(0^-) + 4V_2(s) = \frac{120s - 240}{s^2 + 4} \qquad (b)$$

Antes de continuar debemos encontrar el valor de $v_2'(0^-)$. Para ello, volvamos a las ecuaciones del circuito: analizando qué ocurre en el instante $t = 0^-$, observamos que en la ecuación (a) debemos sustituir $-60cos2t$ por 0, ya que en el instante $t = 0^-$ la fuente no está todavía operando. Por lo tanto,

$$v_1 = \frac{dv_2}{dt} + 3v_2 - \ 0, t < 0$$

sustituyendo los valores:

$$10 = v_2'(0^-) + 75 - 0 \rightarrow v_2'(0^-) = -65$$

Ahora, sustituyendo todos los valores anteriores en la ecuación (b), podemos calcular $V_2(s)$:

$$V_2(s) = \frac{25s^3 + 60s^2 + 220s}{(s+1)(s+4)(s^2+4)}$$

Para finalizar, deberíamos llevar esta ecuación al dominio del tiempo.

2.7. Los lemas de Kirchhoff y los elementos de circuitos en en el dominio de Laplace

2.7.1. Primer lema de Kirchhoff

Este lema se cumple en el dominio de la frecuencia. Según este lema en un nodo se cumple que $\sum i(t) = 0$. Utilizando la transformada de Laplace:

$$\mathcal{L}\{\sum i(t)\} = \mathcal{L}\{0\} = 0$$

$$\mathcal{L}\{\sum i(t)\} = \sum \mathcal{L}\{i(t)\} = \sum I(s) = 0 \tag{2.11}$$

2.7.2. Segundo lema de Kirchhoff

Este lema se cumple en el dominio de la frecuencia. Según este lema en una trayectoria cerrada se cumple que $\sum v(t) = 0$. Utilizando la transformada de Laplace:

$$\mathcal{L}\{\sum v(t)\} = \mathcal{L}\{0\} = 0$$

$$\mathcal{L}\{\sum v(t)\} = \sum \mathcal{L}\{v(t)\} = \sum V(s) = 0 \tag{2.12}$$

2.7.3. Resistencia

Consideremos una resistencia R.

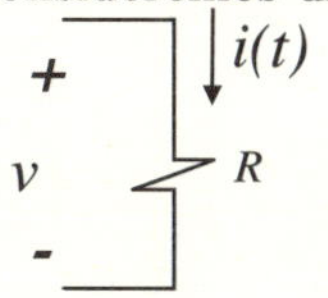

Tal y como ya sabemos,una resistencia cumple la Ley de Ohm:

$$v(t) = R\, i(t)$$

Aplicando la transformada de Laplace a esta ecuación:

$$\mathcal{L}\{v(t)\} = \mathcal{L}\{R\, i(t)\} = R\, \mathcal{L}\{i(t)\}$$

$$V(s) = R\, I(s) \tag{2.13}$$

Por lo tanto, podemos afirmar que en el dominio de Laplace se cumple la Ley de Ohm.

En el dominio de Laplace la impedancia equivalente de la resistencia es R.

2.7.4. Autoinducción

Consideremos una autoinducción L.

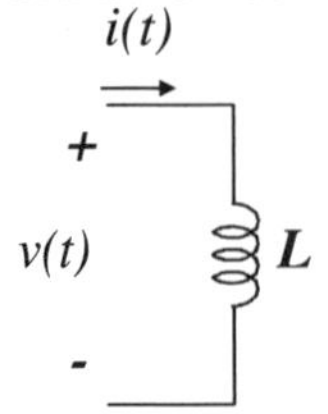

Tal y como sabemos

$$v(t) = L\ \frac{di}{dt}$$

Aplicando la transformada de Laplace a esta ecuación:

$$\mathcal{L}\{v(t)\} = \mathcal{L}\{L\ \frac{di}{dt}\}$$

$$V(s) = L\ \mathcal{L}\{\frac{di}{dt}\} = L[s\ I(s) -\ i(0^-)] \tag{2.14}$$

Esta ecuación la podemos representar gráficamente con el siguiente circuito:

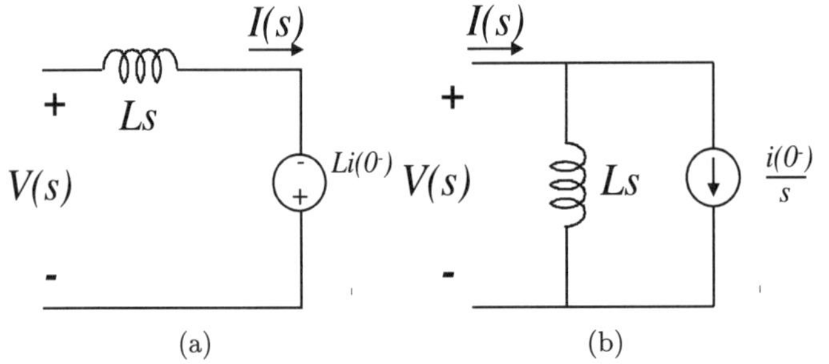

Figura 2.1: Impedancia equivalente de una inductancia en el dominio de Laplace

Los dos circuitos cumplen la ecuación de la inductancia, y se puede pasar de uno a otro aplicando la transformación de fuentes.

Si la condición inicial fuera nula:

$$i(0^-) = 0, V(s) = L\ s\ I(s) \tag{2.15}$$

2.7.5. Condensador

Consideremos un condensador de capacidad C.

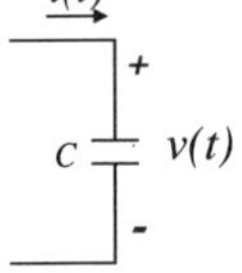

Tal y como sabemos, su corriente vale:

$$i(t) = C\ \frac{dv}{dt}$$

Aplicando la transformada de Laplace a esta ecuación:

$$\mathcal{L}\{i(t)\} = \mathcal{L}\{C\ \frac{dv}{dt}\}$$

$$I(s) = C\ \mathcal{L}\{\frac{dv}{dt}\} = C[s\ V(s) -\ v(0^-)] \tag{2.16}$$

Esta ecuación la podemos representar gráficamente con el siguiente circuito:

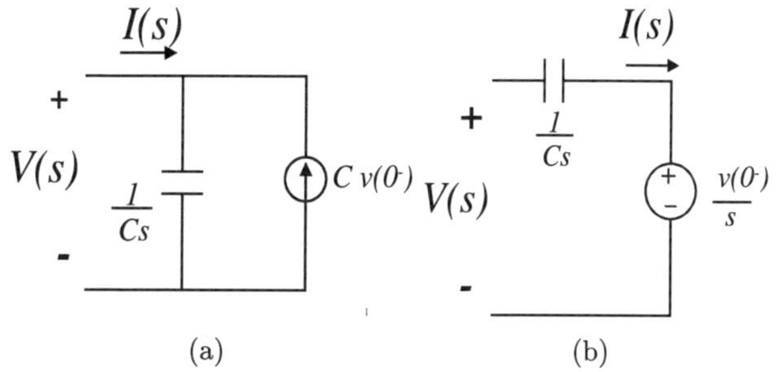

Figura 2.2: Impedancia equivalente de un condensador en el dominio de Laplace

Los dos circuitos cumplen la ecuación de la inductancia,y se puede pasar de uno a otro aplicando la transformación de fuentes.

Si la condición inicial fuera nula: $v(0^-) = 0$, $I(s) = C\ s\ V(s) \rightarrow V(s) = \frac{1}{Cs}\ I(s)$

2.7.6. Impedancia en el dominio de Laplace

Resumiendo:

Elemento	*Ecuación*	*Condiciones iniciales nulas*	*Impedancia equivalente*
R	$V(s) = R\ I(s)$	$V(s) = R\ I(s)$	R
L	$V(s) = L[s\ I(s) - \ i(0^-)]$	$V(s) = Ls\ I(s)$	Ls
C	$V(s) = \frac{I(s)}{Cs} + \frac{v(0^-)}{s}$	$V(s) = \frac{1}{Cs} I(s)$	$\frac{1}{Cs}$

Cuadro 2.2: Tabla de impedancias en el dominio de Laplace

2.7.7. Generadores

Una vez analizada la transformación de elementos pasivos, estudiaremos la transformada de Laplace de los elementos activos.

- Al aplicar la transformada de Laplace a la expresión en función del tiempo de un generador de corriente continua, $v(t) = K_V\ u(t)$ o $i(t) = K_I\ u(t)$, se obtiene $V(s) = \frac{K_V}{s}$ e $I(s) = \frac{K_I}{s}$.

- La expresión en función del tiempo de un generador de corriente alterna suele ser del tipo $v(t) = K\ cos(\alpha t)\ u(t)$, por lo que al aplicar la transformada de Laplace utilizando la tabla obtenemos $V(s) = K\ \frac{s}{s^2+\omega^2}$

Por lo tanto, una vez comprobado que los lemas de Kirchhoff se cumplen en el dominio de Laplace, y tras haber obtenido el comportamiento de los elementos de un circuito en dicho dominio, podemos utilizar en él todos los instrumentos y técnicas aprendidos hasta ahora.

Ejemplo:

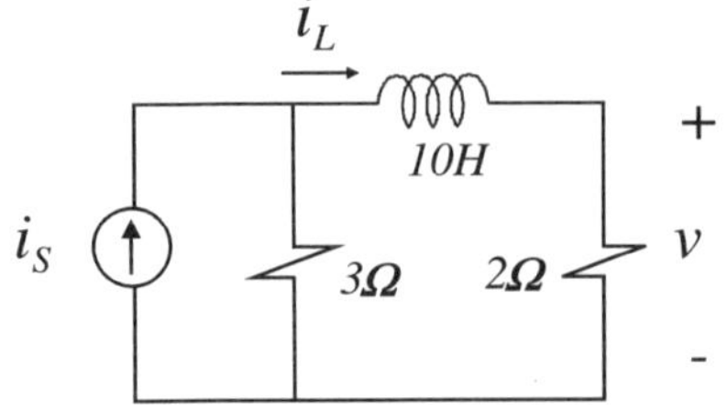

En este circuito, $i_L(0^-) = 2\ A$. Halla $v(t)$.
a) Si $i_s = 10\ u(t)\ A$.
b) Si $i_s = 10\ cost\ u(t)\ A$.

Resolución

Antes de operar, debemos dibujar el circuito en el dominio de Laplace:

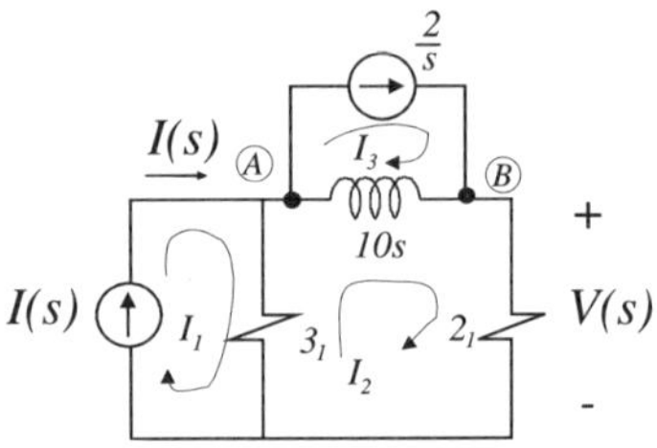

a) Si $i_s = 10u(t)\ A$

$$\mathcal{L}\{i_s\} = I(s) = \frac{10}{s}$$

utilizando nodos,
Ecuación del nodo A:

$$\frac{10}{s} - \frac{2}{s} = \frac{V_A}{3} + \frac{V_A - V_B}{10s}$$

Ecuación del nodo B:

$$\frac{2}{s} = \frac{V_B}{2} + \frac{V_B - V_A}{10s}$$

$$\frac{8}{s} = \frac{V_A}{3} + \frac{V_A - V_B}{10s}$$

$$\frac{2}{s} = \frac{V_B}{2} + \frac{V_B - V_A}{10s}$$

$$\begin{cases} 240 = 10sV_A + 3V_A - 3V_B \\ 20 = 5sV_B + V_B - V_A \end{cases}$$

$$\rightarrow \begin{cases} 240 = (10s + 3)V_A - 3V_B \\ 20 = -V_A + (5s + 1)V_B \end{cases}$$

$$V_B = \frac{\begin{vmatrix} 10s+3 & 240 \\ -1 & 20 \end{vmatrix}}{\begin{vmatrix} 10s+3 & -3 \\ -1 & 5s+1 \end{vmatrix}} = \frac{4s+6}{s(s+0{,}5)} = V(s)$$

$$\frac{4s+6}{s(s+0{,}5)} = \frac{A}{s} + \frac{B}{s+0{,}5} = \frac{12}{s} - \frac{8}{s+0{,}5}$$

Pasando la solución al dominio del tiempo:

$$v(t) = (12 - 8e^{-0{,}5t})u(t)V$$

b) Si $i_s = 10cost\ u(t)\ A$

$$\mathcal{L}\{i_s\} = I(s) = \frac{10s}{s^2+1}$$

Utilizando mallas:

$$\begin{cases} 0 = 3(I_2 - I_1) + 10s(I_2 - I_3) + 2I_2 \\ I_1 = \frac{10s}{s^2+1} \\ I_3 = \frac{2}{s} \end{cases}$$

$$I_2 = \frac{20s^2 + 30s + 20}{10s^3 + 5s^2 + 10s + 5} = \frac{4s^2 + 6s + 4}{2s^3 + s^2 + 2s + 1}$$

y

$$V(s) = 2I_2 = \frac{8s^2 + 12s + 8}{2s^3 + s^2 + 2s + 1}$$

Para finalizar, se pasa la solución al dominio del tiempo.

2.8. Función de transferencia

Es una función de red que relaciona la respuesta en un par de terminales con una fuente (de tensión o de intensidad) conectada a otro par de terminales, siendo nulas todas las condiciones iniciales.

Normalmente, se utiliza en el ámbito de Laplace y se representa por $H(s)$.

Si la señal de entrada en el circuito es $v_i(t)$ y $v_o(t)$ es la respuesta de la salida, aplicando la transformada de Laplace:

$$\mathcal{L}\{v_i(t)\} = V_i(s)$$

$$\mathcal{L}\{v_o(t)\} = V_o(s)$$

y por lo tanto,

$$H(s) = \frac{V_o(s)}{V_i(s)} \tag{2.17}$$

Ejemplo:

En el siguiente circuito encuentra la función de transferencia entre la tensión de salida $V_o(s)$ y la tensión de entrada $V_i(s)$.

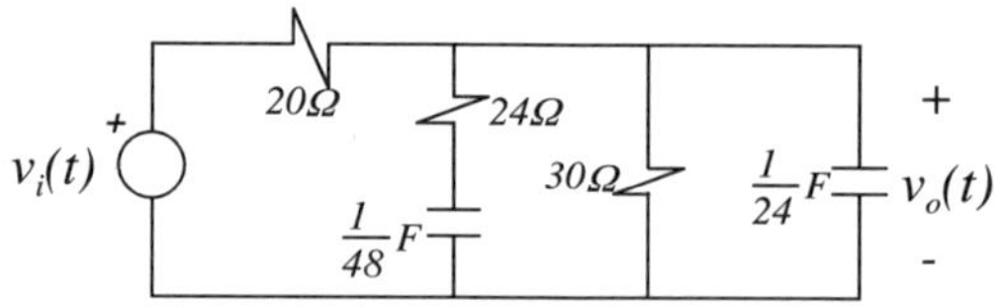

Resolución

El circuito equivalente en el dominio de Laplace:

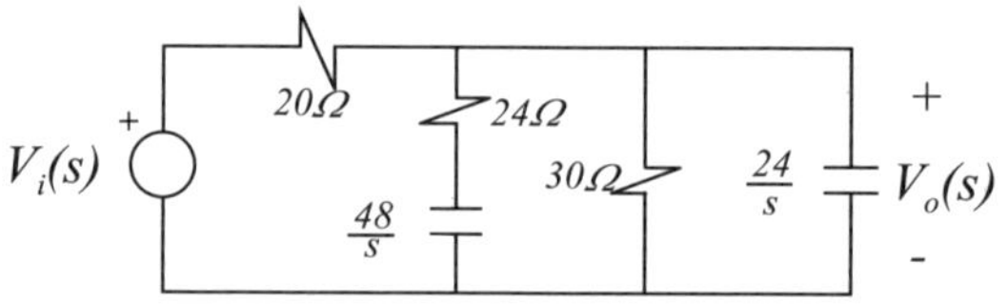

Encontraremos $Z_i(s)$, la impedancia equivalente de las tres ramas conectadas en paralelo:

$$Z_i(s) = \frac{1}{\frac{s}{24} + \frac{1}{30} + \frac{1}{24+48/s}} = \frac{120(s+2)}{5s^2 + 19s + 8}$$

utilizando el divisor de tensión:

$$H(s) = \frac{V_o(s)}{V_i(s)} = \frac{Z_i(s)}{20 + Z_i(s)} = \frac{1{,}2(s+2)}{(s+1)(s+4)}$$

Conocida $H(s)$, para cualquier entrada se tendrá una salida:

$$V_o(s) = H(s)\ V_i(s)$$

Ejemplo:

En el circuito de la figura encuentra la función de transferencia entre la tensión de salida $V_o(s)$ y la tensión de entrada $V_i(s)$.

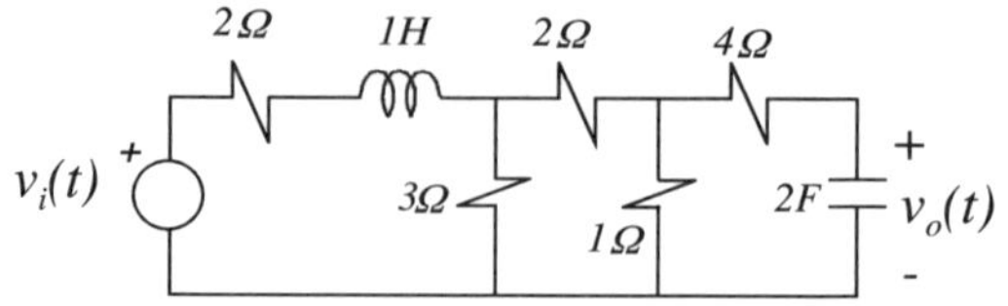

Resolución

Dibujaremos el circuito equivalente en el dominio de Laplace:

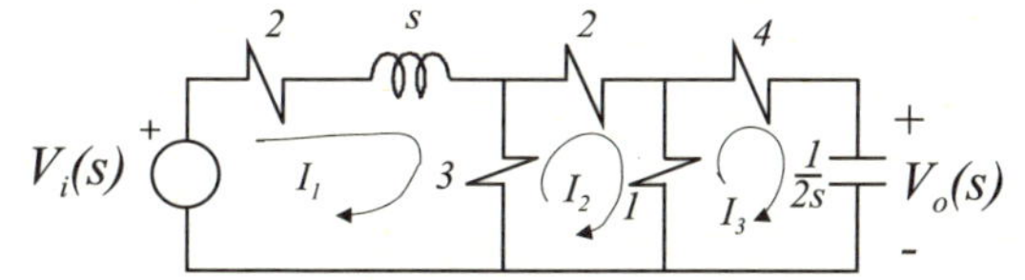

Utilizando mallas:

$$I_3 = \frac{\begin{vmatrix} 5+s & -3 & V_i \\ -3 & 6 & 0 \\ 0 & -1 & 0 \end{vmatrix}}{\begin{vmatrix} 5+s & -3 & 0 \\ -3 & 6 & -1 \\ 0 & -1 & 5+\frac{1}{2s} \end{vmatrix}} = \frac{3V_i(s)}{29s + 103 + 21/2s}$$

y como $V_o(s) = I_3 \frac{1}{2s}$,

$$H(s) = \frac{V_o(s)}{V_i(s)} = \frac{3}{58s^2 + 206s + 21}$$

2.9. Sistemas de segundo orden: circuitos RLC

En el tema anterior, dijimos que había tres métodos para el análisis transitorio de los circuitos: el método clásico, el método de la transformada de Laplace y el método de las variables de estado. Asimismo, estudiamos cómo se aplica el método clásico al análisis de los circuitos RL y RC, pero utilizar este método para el estudio de circuitos más complejos suele resultar muy laborioso. En este apartado, veremos cómo se resuelven circuitos de segundo orden utilizando la transformada de Laplace.

2.9.1. Circuitos serie RLC

Analizaremos la respuesta transitoria de un circuito serie RLC cuando se le conecta un interruptor:

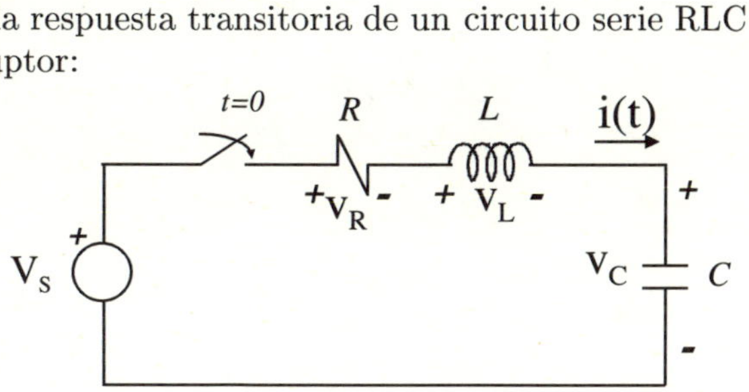

Aplicando el lema de Kirchhoff de tensiones:

$$v_R + v_L + v_C = V_s$$

$$iR + L\frac{di}{dt} + \frac{1}{C}\int idt + v_c(0) = V_s \tag{2.18}$$

si se deriva esta ecuación:

$$R\frac{di}{dt} + L\frac{d^2i}{dt^2} + \frac{1}{C}i = \frac{dV_s}{dt} \tag{2.19}$$

$$\frac{d^2i}{dt^2} + \frac{R}{L}\frac{di}{dt} + \frac{1}{LC}i = \frac{1}{L}\frac{dV_s}{dt} \tag{2.20}$$

esta ecuación es una ecuación diferencial de segundo orden.

Aplicando en la ecuación 2.18 la transformada de Laplace:

$$I(s)R + L(sI(s) - i(0)) + (\frac{v_c(0)}{s} + \frac{1}{C}\frac{I(s)}{s}) = V_s(s)$$

$$I(s)R + LsI(s) - Li(0)) + \frac{v_c(0)}{s} + \frac{1}{C}\frac{I(s)}{s} = V_s(s)$$

$$I(s)[R + Ls + \frac{1}{C}\frac{1}{s})] = V_s(s) - \frac{v_c(0)}{s} + Li(0)$$

$$I(s)[Ls^2 + Rs + \frac{1}{C}] = sV_s(s) - v_c(0) + Lsi(0)$$

$$I(s) = \frac{(V_s(s) + Li(0))s - v_c(0)}{Ls^2 + Rs + \frac{1}{C}} = \frac{1}{L}\frac{(V_s(s) + Li(0))s - v_c(0)}{s^2 + \frac{R}{L}s + \frac{1}{LC}} \tag{2.21}$$

Para calcular $i(t)$ aplicaremos la transformada inversa de Laplace:

$$i(t) = \mathcal{L}^{-1}\{I(s)\}$$

para ello es necesario calcular las raíces del denominador.

$$s^2 + \frac{R}{L}s + \frac{1}{LC} = 0 \tag{2.22}$$

El aspecto usual de una ecuación diferencial de segundo orden es el siguiente:

$$s^2 + 2\xi\omega_0 s + \omega_0^2 = 0$$

- ω_0 es la frecuencia natural de la respuesta:

$$\omega_0 = \frac{1}{\sqrt{LC}}$$

- ξ es el factor de amortiguamiento de la respuesta:

$$2\xi\omega_0 = 2\xi\frac{1}{\sqrt{LC}} = \frac{R}{L} \rightarrow \xi = \frac{R}{L}\frac{\sqrt{LC}}{2} = \frac{R}{2}\sqrt{\frac{C}{L}}$$

Según la ecuación 2.22, las raíces del denominador son:

$$s = \frac{-\frac{R}{L} \pm \sqrt{(\frac{R}{L})^2 - \frac{4}{LC}}}{2} = -\frac{R}{2L} \pm \sqrt{(\frac{R}{2L})^2 - \frac{1}{CL}} = -\alpha \pm \sqrt{\gamma} \tag{2.23}$$

- Cuando $\alpha = \omega_0$: $\gamma = 0$, $\xi = 1$ y $s = -\alpha$ es una raíz doble.

$$I(s) = \frac{\frac{(V_s(s)+Li(0))s-v_c(0)}{L}}{(s+\alpha)(s+\alpha)} = \frac{A_1}{(s+\alpha)} + \frac{A_2}{(s+\alpha)^2}$$

$$i(t) = A_1 e^{-\alpha t} + A_2 t e^{-\alpha t} = e^{-\alpha t}(A_1 + A_2 t)$$

$\xi = 1$ El sistema está críticamente amortiguado.

- Cuando $\alpha > \omega_0$: $\gamma > 0$, $\xi > 1$ y $s_1 = -\alpha + \beta$, $s_2 = -\alpha - \beta$ ($\beta = \sqrt{\gamma}$) son raíces reales

$$I(s) = \frac{\frac{(V_s(s)+Li(0))s-v_c(0)}{L}}{(s+\alpha-\beta)(s+\alpha+\beta)} = \frac{A_1}{(s+\alpha-\beta)} + \frac{A_2}{(s+\alpha+\beta)}$$

$$i(t) = A_1 e^{-\alpha t} e^{-\beta t} + A_2 e^{-\alpha t} e^{\beta t} = e^{-\alpha t}(A_1 e^{-\beta t} + A_2 e^{\beta t})$$

$\xi > 1$ El sistema está sobreamortiguado.

- Cuando $\alpha < \omega_0$: $\gamma < 0$, $\xi < 1$ y $s_1 = -\alpha + \beta j$, $s_2 = -\alpha - \beta j$ ($\beta = \sqrt{|\gamma|}$) son raíces complejas

$$I(s) = \frac{\frac{(V_s(s)+Li(0))s-v_c(0)}{L}}{(s+\alpha-\beta j)(s+\alpha+\beta j)} = \frac{A_1}{(s+\alpha-\beta j)} + \frac{A_2}{(s+\alpha+\beta j)}$$

$$i(t) = A_1 e^{-\alpha t} e^{-\beta j t} + A_2 e^{-\alpha t} e^{\beta j t} = e^{-\alpha t} A sin(\omega t + \theta)$$

$\xi < 1$ El sistema está subamortiguado.

- Cuando $\alpha = 0$: $\gamma < 0$, $\xi = 0$ y $s_1 = \beta j$, $s_2 = -\beta j$ ($\beta = \sqrt{|\gamma|}$) son raíces imaginarias

$$I(s) = \frac{\frac{(V_s(s)+Li(0))s-v_c(0)}{L}}{(s-\beta j)(s+\beta j)} = \frac{A_1}{(s-\beta j)} + \frac{A_2}{(s+\beta j)}$$

$$i(t) = A_1 e^{-\beta j t} + A_2 e^{\beta j t} = A sin(\omega t + \theta)$$

$\xi = 0$ El sistema es oscilante, sin amortiguamiento.

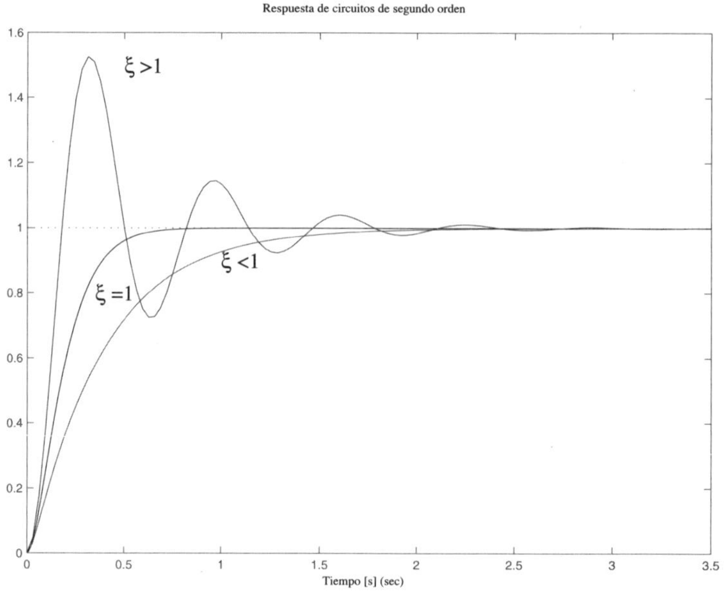

Figura 2.3: Respuesta del sistema en función del valor de ξ

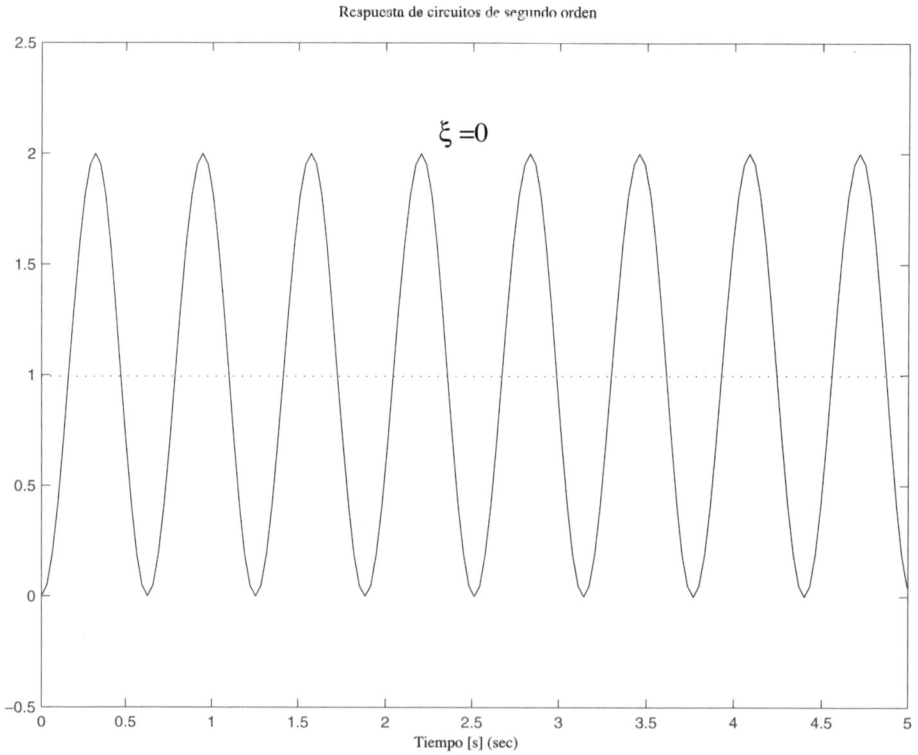

Figura 2.4: Respuesta del sistema cuando $\xi = 0$

2.9.2. Circuitos RLC paralelo

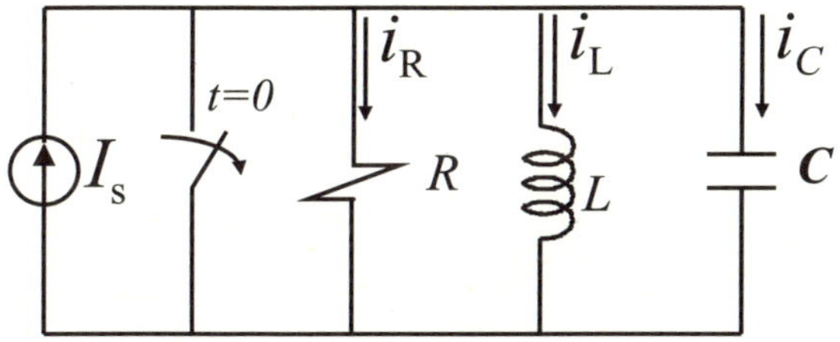

Aplicando el lema de Kirchhoff de corrientes:

$$i_R + i_L + i_C = I_s$$

$$\frac{v}{R} + i_L + C\frac{dv}{dt} = I_s \tag{2.24}$$

si se sustituye en esta ecuación la ecuación de la tensión,

$$v = L\frac{di_L}{dt}$$

$$\frac{L}{R}\frac{di_L}{dt} + i_L + CL\frac{d^2 i_L}{dt^2} = I_s \tag{2.25}$$

$$\frac{d^2 i_L}{dt^2} + \frac{1}{RC}\frac{di_L}{dt} + \frac{1}{LC}i_L = \frac{I_s}{CL} \tag{2.26}$$

se trata de una ecuación diferencial de segundo orden. Si se aplica la transformada de Laplace:

$$s^2 I_L(s) - s i_L(0) - i'_L(0) + s\frac{1}{RC}I_L(s) - \frac{1}{RC}i_L(0) + \frac{1}{CL}I_L(s) = I_s(s)\frac{1}{CL} \tag{2.27}$$

Para calcular $i_L(t)$, se aplicará la transformada inversa de Laplace:

$$i_L(t) = \mathcal{L}^{-1}\{I_L(s)\}$$

para ello es necesario calcular las raíces del denominador.

$$s^2 + \frac{1}{RC}s + \frac{1}{LC} = 0 \tag{2.28}$$

El aspecto usual de las ecuaciones diferenciales de segundo orden suele ser:

$$s^2 + 2\xi\omega_0 s + \omega_0^2 = 0$$

- ω_0 es la frecuencia natural de la respuesta:

$$\omega_0 = \frac{1}{\sqrt{LC}}$$

- ξ es el coeficiente de amortiguamiento de la respuesta:

$$2\xi\omega_0 = 2\xi\frac{1}{\sqrt{LC}} = \frac{1}{RC} \rightarrow \xi = \frac{1}{2R}\sqrt{\frac{L}{C}}$$

Las raíces del denominador son:

$$s = \frac{-\frac{1}{RC} \pm \sqrt{(\frac{1}{RC})^2 - \frac{4}{LC}}}{2} = -\frac{1}{2RC} \pm \sqrt{(\frac{1}{2RC})^2 - \frac{1}{CL}} = -\alpha \pm \sqrt{\gamma} \quad (2.29)$$

- Cuando $\alpha = \omega_0$: $\gamma = 0$, $\xi = 1$ y $s = -\alpha$ es una raíz doble. El amortiguamiento del sistema es crítico.
- Cuando $\alpha > \omega_0$: $\gamma > 0$, $\xi > 1$ y $s_1 = -\alpha + \beta$, $s_2 = -\alpha - \beta$ ($\beta = \sqrt{\gamma}$) son raíces reales. El sistema se encuentra sobreamortiguado.
- Cuando $\alpha < \omega_0$: $\gamma < 0$, $\xi < 1$ y $s_1 = -\alpha + \beta j$, $s_2 = -\alpha - \beta j$ ($\beta = \sqrt{|\gamma|}$) son raíces complejas. El sistema está subamortiguado.
- Cuando $\alpha = 0$: $\gamma < 0$, $\xi = 0$ y $s_1 = \beta j$, $s_2 = -\beta j$ ($\beta = \sqrt{|\gamma|}$) son raíces imaginarias y el sistema es oscilante, sin amortiguamiento.

2.10. Transformada inversa por medio de funciones parciales

En los problemas de circuitos resueltos mediante la transformada de Laplace, la solución es el cociente entre dos polinomios de s, donde el grado del numerador es siempre menor o igual al del denominador.

El primer paso necesario para pasar la solución al dominio del tiempo, consiste en encontrar las raíces del denominador, para después factorizarlo. En este proceso podemos encontrarnos con los siguientes casos:

2.10.1. Raíces reales diferentes

Ejemplo:

Encontrar $i(t)$.

$$I(s) = \frac{s+3}{s^2 + 3s + 2}$$

Resolución

Calcularemos en primer lugar las raíces del denominador:

$$s^2 + 3s + 2 = 0 \rightarrow s = \begin{cases} \nearrow -1 \\ \searrow -2 \end{cases}$$

$$s^2 + 3s + 2 = (s+1)(s+2)$$

$$I(s) = \frac{(s+3)}{(s+1)(s+2)} = \frac{A}{s+1} + \frac{B}{s+2} = \frac{2}{s+1} + \frac{-1}{s+2}$$

Así, mirando en la tabla la transformada inversa de cada función parcial,

$$i(t) = (2\,e^{-t} - e^{-2t})u(t)\ A$$

2.10.2. Raíces reales múltiples

Ejemplo:

Hallar $v(t)$.

$$V(s) = \frac{1}{(s+1)^2(s+2)}$$

Resolución

Las raíces del denominador:

$$(s+1)^2(s+2) = 0 \rightarrow s = \begin{cases} \nearrow -1 \text{ } raiz\ real\ doble \\ \searrow -2 \text{ } raiz\ real\ simple \end{cases}$$

Entonces

$$V(s) = \frac{1}{(s+1)^2(s+2)} = \frac{A}{s+2} + \frac{B}{(s+1)^2} + \frac{C}{(s+1)}$$

Calculando A y B como siempre, hallaremos que $A = 1$ y $B = 1$.
Para calcular C:

$$1 = A\ (s+1)^2 + B\ (s+2) + C\ (s+1)(s+2)$$

tomando el término de mayor grado:

$$0 = A + C$$
$$C = -1$$

por lo tanto,

$$V(s) = \frac{1}{s+2} + \frac{1}{(s+1)^2} + \frac{-1}{(s+1)}$$

y pasando la solución al dominio del tiempo:

$$v(t) = (e^{-2t} + te^{-t} - e^{-t})u(t)V$$

Ejemplo:

Calcula $i(t)$.

$$I(s) = \frac{s^2+2s+2}{(s+1)^2(s+2)}$$

Resolución

$$I(s) = \frac{s^2+2s+2}{(s+1)^2(s+2)} = \frac{A}{s+2} + \frac{B}{(s+1)^2} + \frac{C}{(s+1)}$$

Después de haber calculado $A = 2$ y $B = 1$,

$$s^2+2s+2 = A(s+1)^2 + B(s+2) + C(s+1)(s+2)$$

tomando el término de mayor grado:

$$1 = A + C \rightarrow C = -1$$

Así, $i(t) = (2\ e^{-2t} + te^{-t} - e^{-t})u(t)A$

2.10.3. Raíces imaginarias

Ejemplo:

Encuentra $v(t)$

$$V(s) = \frac{s^2+2}{(s^2+1)(s+3)}$$

Resolución

Las raíces del denominador:

$$s = -3\ real\ y\ simple$$
$$s = \pm j\ imaginarias$$

Entonces,

$$\frac{s^2+2}{(s^2+1)(s+3)} = \frac{A}{s+3} + \frac{Bs+C}{s^2+1}$$

calculando el valor de A tal y como hemos venido haciendo,

$$A = \frac{11}{10}$$

Tomando los coeficientes de los términos de mayor y de menor grado:

$$s^2+2 = A(s^2+1) + Bs^2 + 3Bs + Cs + 3C$$

$$s^2)\ \ 1 = A + B \rightarrow B = -\frac{1}{10}$$

$$s^0)\ \ 2 = A + 3C \rightarrow C = \frac{3}{10}$$

Por lo tanto,

$$V(s) = \frac{11}{10}\ \frac{1}{s+3} - \frac{1}{10}\ \frac{s}{s^2+1} + \frac{3}{10}\ \frac{1}{s^2+1}$$

y en el tiempo:

$$v(t) = (\frac{11}{10}\ e^{-3t} - \frac{1}{10}\ cost + \frac{3}{10}\ sint)\ u(t)V$$

Ejemplo:

Halla $i(t)$

$$I(s) = \frac{s+1}{(s^2+2)(s+3)}$$

Resolución

$$I(s) = \frac{s+1}{(s^2+2)(s+3)} = \frac{A}{s+3} + \frac{Bs+C}{s^2+2}$$

$$A = -\frac{2}{11}$$

$$s+1 = A\ s^2 + 2A + \ Bs^2 + 3\ Bs + Cs + 3\ C$$

$$s^2)\ \ 0 = A + B \rightarrow B = \frac{2}{11}$$

$$s^0)\ \ 1 = 2A + 3C \rightarrow C = \frac{5}{11}$$

$$I(s) = -\frac{2}{11}\ \frac{1}{s+3} + \frac{2}{11}\ \frac{s}{s^2+2} + \frac{5}{11}\ \frac{1}{s^2+2}$$

Para poder utilizar la tabla, debemos adecuar esta ecuación:

$$I(s) = -\frac{2}{11}\ \frac{1}{s+3} + \frac{2}{11}\ \frac{s}{s^2+(\sqrt{2})^2} + \frac{5}{11}\ \frac{1}{\sqrt{2}}\frac{\sqrt{2}}{s^2+(\sqrt{2})^2}$$

y de aquí,

$$i(t) = (-\frac{2}{11}\ e^{-3t} + \frac{2}{11}\ cos(\sqrt{2}t) + \frac{5}{11\sqrt{2}}\ sin(\sqrt{2}t)\ )\ u(t)A$$

2.10.4. Raíces complejas

El denominador debe reescribirse como $(s+\alpha)^2 + \omega^2$, con lo que la transformada inversa será $e^{-\alpha t}sin(\omega t)$ o $e^{-\alpha t}cos(\omega t)$.

Ejemplo:

Encuentra $i(t)$

$$I(s) = \frac{3s+2}{s^2+2s+2}$$

Resolución

Reescribiendo el denominador:

$$s^2 + 2s + 2 = (s+1)^2 + 1$$

$$I(s) = \frac{3s+2}{(s+1)^2+1} = 3\frac{s+\frac{2}{3}}{(s+1)^2+1} =$$

$$= 3[\frac{s+1-1+\frac{2}{3}}{(s+1)^2+1}] = 3[\frac{s+1}{(s+1)^2+1} - \frac{1}{3}\frac{1}{(s+1)^2+1}] =$$

entonces, en el tiempo:

$$i(t) = [3(e^{-t}cost - \frac{1}{3}e^{-t}sint)]u(t)A$$

Ejemplo:

Calcula $v(t)$

$$V(s) = \frac{s+4}{s^2+4s+5}$$

Resolución

$$V(s) = \frac{s+2+2}{(s+2)^2+1} = \frac{s+2}{(s+2)^2+1} + 2\frac{1}{(s+2)^2+1}$$

por lo tanto,

$$v(t) = (e^{-2t}cost + 2e^{-2t}sint)u(t)V$$

2.10.5. Caso general

Cuando en el denominador existan conjuntamente raíces reales simples, múltiples, imaginarias y complejas, desarrollaremos el cociente en fracciones simples de modo que en cada denominador sólo existan raíces de uno de los tipos mencionados.

2.11. Ejercicios

1. En el circuito de la figura, calcula $v_c(t)$, cuando $t > 0$, si la condición inicial es $v_c(0^-) = 5V$.

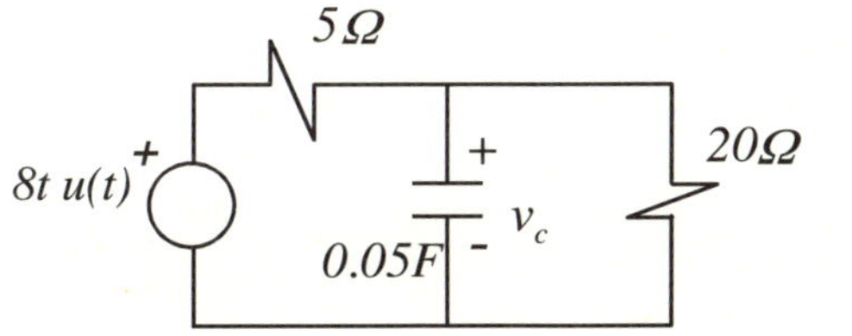

Resolución

El circuito equivalente en el dominio de Laplace:

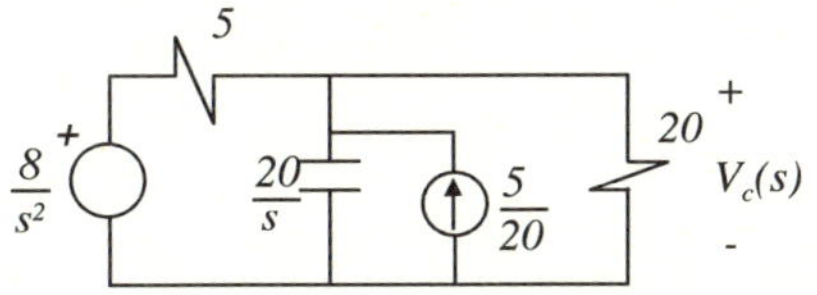

o de otra forma:

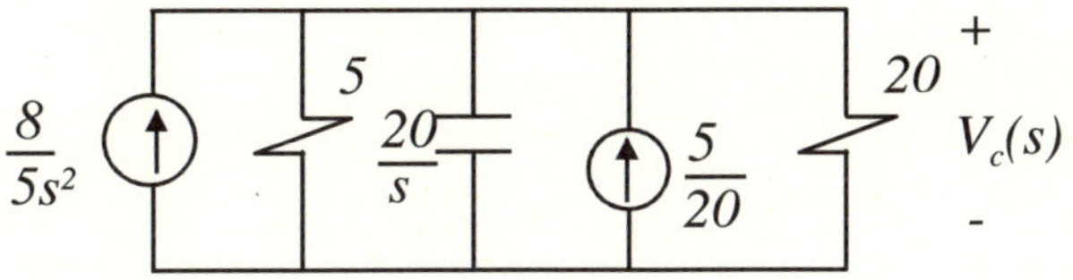

En el nodo superior:

$$\frac{8}{5s^2} + \frac{1}{4} = V_c(\frac{1}{5} + \frac{s}{20} + \frac{1}{20})$$

$$\frac{32 + 5s^2}{20s^2} = V_c\frac{5 + s}{20} \rightarrow V_c = \frac{5s^2 + 32}{s^2(s + 5)}$$

$$\frac{5s^2 + 32}{s^2(s + 5)} = \frac{A}{s + 5} + \frac{B}{s^2} + \frac{C}{s}$$

$$A = 6{,}28 \ ; \ B = 6{,}4$$

además: $5 = A + C$, por lo que, $C = -1{,}28$

$$V_c = \frac{6{,}28}{s + 5} + \frac{6{,}4}{s^2} + \frac{-1{,}28}{s}$$

Por último,

$$v_c(t) = (6{,}28e^{-5t} + 6{,}4\,t - 1{,}28)u(t)V$$

2. Si en el circuito de la figura $v_c(0^-) = 0$, encuentra $v_c(t)$.

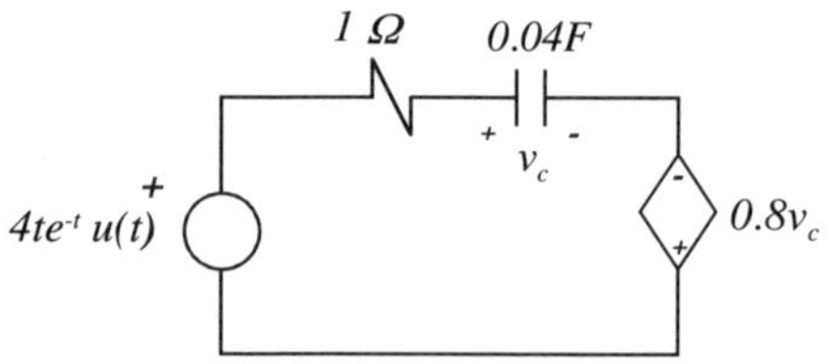

Resolución

El circuito equivalente en Laplace:

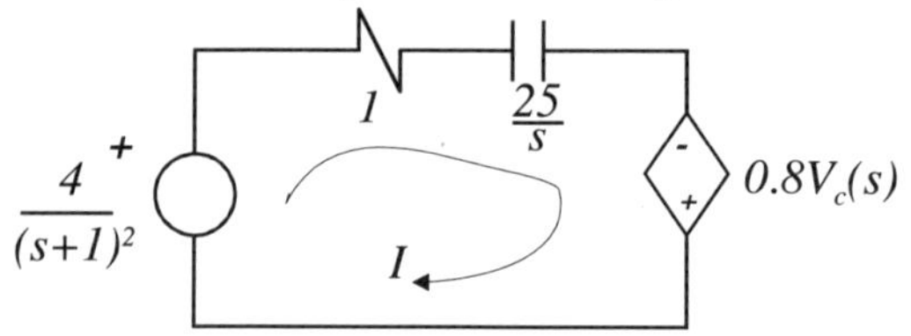

$$I = \frac{\frac{4}{(s+1)^2} + 0{,}8V_c}{1 + 25/s}$$

$$V_c = \frac{25}{s}I = \frac{25}{s}\frac{\frac{4}{(s+1)^2} + 0{,}8V_c}{1 + 25/s}$$

$$\frac{100}{(s+1)^2} + 20V_c = V_c(25 + s)$$

$$\frac{100}{(s+1)^2} = V_c(5 + s) \rightarrow V_c = \frac{100}{(s+5)(s+1)^2}$$

$$\frac{100}{(s+5)(s+1)^2} = \frac{A}{s+1} + \frac{B}{(s+1)^2} + \frac{C}{s+5}$$

$$B = 25 \; ; \; C = 6{,}25$$

además:

$$100 = A(s+1)(s+5) + B(s+5) + C(s+1)^2$$

$0 = A + C$, por lo que $A = -6{,}25$

$$V_c(s) = \frac{-6{,}25}{s+1} + \frac{25}{(s+1)^2} + \frac{6{,}25}{s+5}$$

De aquí,

$$v_c(t) = (-6{,}25e^{-t} + 25te^{-t} + 6{,}25e^{-5t})u(t)V$$

3. En el circuito de la figura, halla $v_c(t)$, si se cumple que $v_c(0^-) = 8V$.

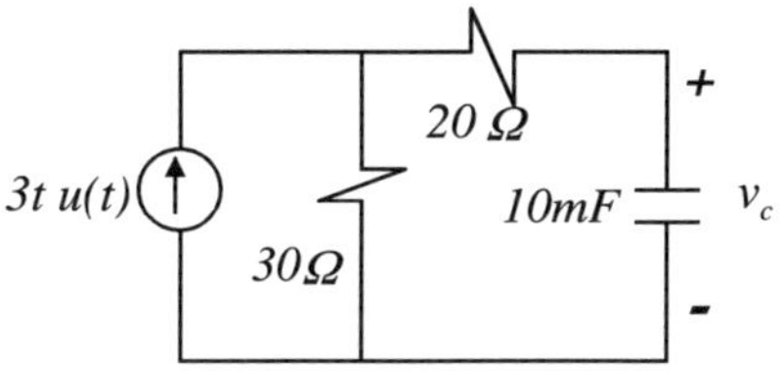

Resolución

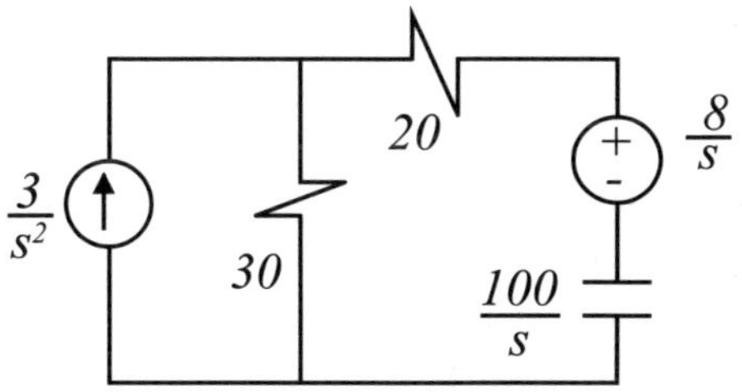

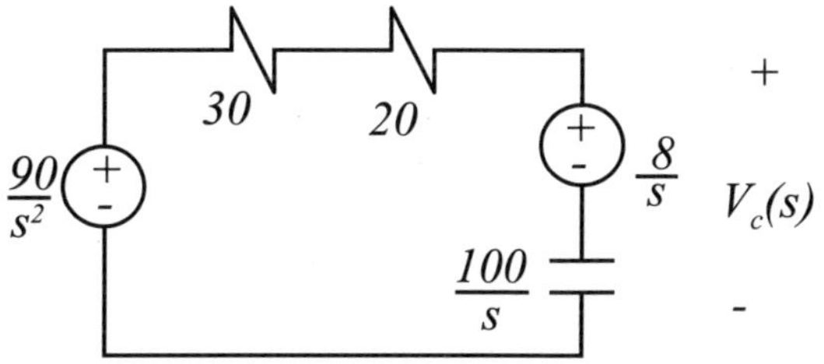

$$I = \frac{\frac{90}{s^2} - \frac{8}{s}}{50 + \frac{100}{s}} = \frac{\frac{90-8s}{s^2}}{\frac{50s+100}{s}} = \frac{90 - 8s}{50s(s+2)}$$

$$V_c(s) = \frac{100}{s} I + \frac{8}{s} = \frac{100}{s} \frac{90 - 8s}{50s(s+2)} + \frac{8}{s} =$$

$$= \frac{180 - 16s}{s^2(s+2)} + \frac{8}{s} = \frac{180 - 16s + 8s(s+2)}{s^2(s+2)}$$

$$V_c(s) = \frac{8s^2 + 180}{s^2(s+2)} = \frac{A}{s} + \frac{B}{s^2} + \frac{C}{s+2}$$

$$C = 53 \; ; \; B = 90$$

Además: $8 = A + C$, por lo que $A = -45$. De aquí,

$$v_c(t) = (-45 + 90t + 53e^{-2t})u(t)V$$

4. En el siguiente circuito calcula $v_c(t)$ para todo t.

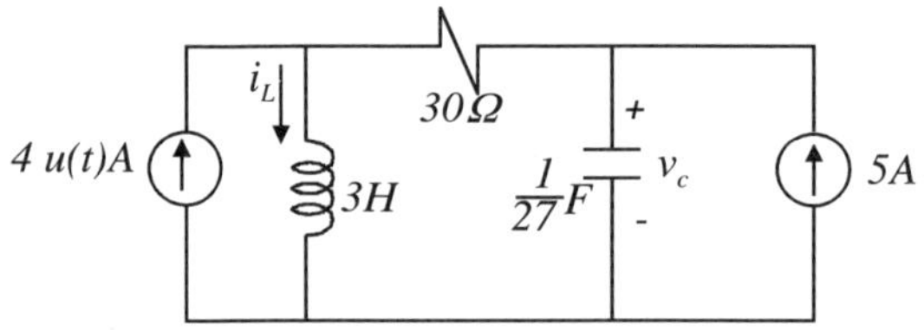

Resolución

Cuando $t < 0$

$$\begin{cases} v_c = 5x30 = 150V \\ i_L = 5A \end{cases}$$

Cuando $t > 0$, el circuito equivalente de Laplace:

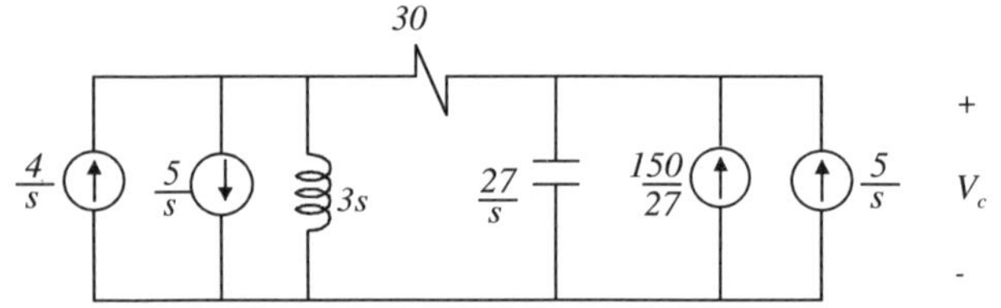

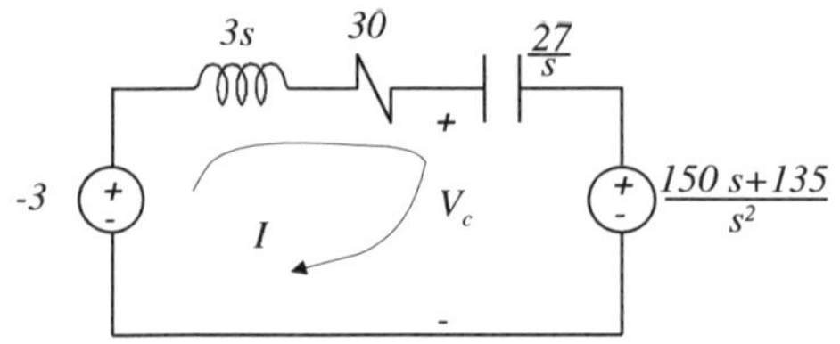

$$I = \frac{-3 - \frac{150s+135}{s^2}}{3s + 30 + \frac{27}{s}} = \frac{-s^2 - 50s - 45}{s(s^2 + 10s + 9)}$$

$$V_c(s) = \frac{150s + 135}{s^2} + \frac{27}{s} I = \frac{150s + 135}{s^2} + \frac{27}{s} \frac{(-s^2 - 50s - 45)}{s(s^2 + 10s + 9)}$$

$$= \frac{150s^2 + 1608s + 1350}{s(s+1)(s+9)}$$

$$V_c(s) = \frac{A}{s} + \frac{B}{s+1} + \frac{C}{s+9}$$

$$A = 150 \ , \ B = 13{,}5 \ , \ C = -13{,}5$$

$$v_c(t) = (150 + 13{,}5e^{-t} - 13{,}5e^{-9t}) \ V, t > 0$$

para cualquier t:

$$v_c(t) = (150 + 13{,}5e^{-t} - 13{,}5e^{-9t}) u(t) \ V$$

5. En el circuito de la figura, $v_1(0) = 10V$ y $v_2(0) = 25V$. Calcula $v_2(t)$ cuando $t > 0$.

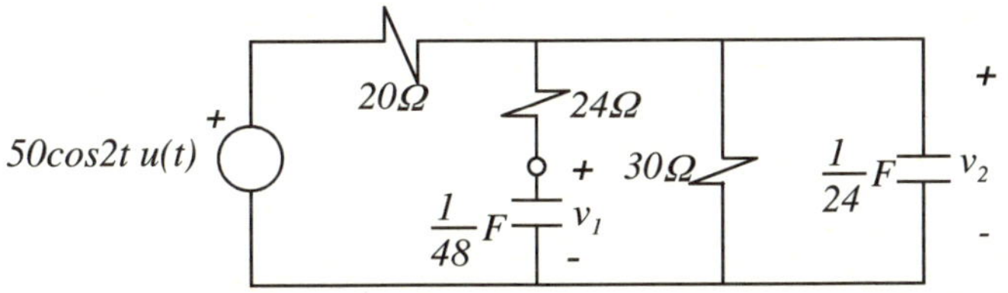

Resolución

Nota:

Anteriormente, analizamos este circuito utilizando otro camino: escribimos las ecuaciones diferenciales y aplicamos la transformada de Laplace para transformarlas en ecuaciones algebraicas. Ahora utilizaremos la segunda estrategia posible, es decir, utilizaremos el circuito de Laplace equivalente:

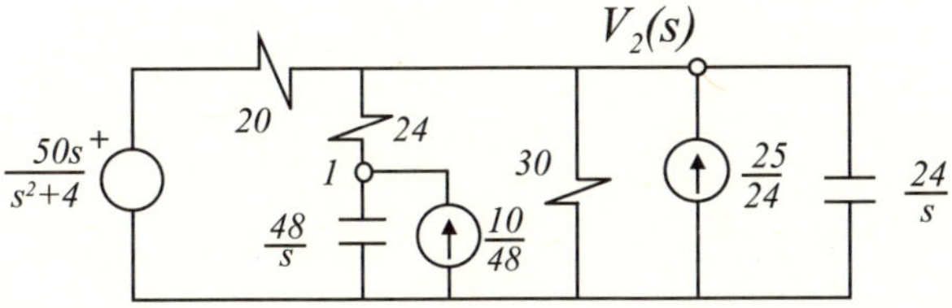

Utilizando nodos:

$$\frac{10}{48} = \frac{V_1 - V_2}{24} + \frac{V_1}{48/s}$$

$$\frac{25}{24} = \frac{V_2 - \frac{50s}{s^2+4}}{20} + \frac{V_2 - V_1}{24} + \frac{V_2}{30} + \frac{V_2}{24/s}$$

de aquí,

$$\begin{cases} (s+2)V_1 - 2V_2 = 10 \\ -V_1 + (s+3)V_2 = \frac{60s}{s^2+4} + 25 \end{cases}$$

Si se obtiene V_1 de la primera ecuación y se sustituye en la segunda:

$$V_1 = \frac{10 + 2V_2}{s+2}$$

$$V_2 = \frac{25s^3 + 120s^2 + 220s + 240}{(s+1)(s+4)(s^2+4)}$$

$$V_2(s) = \frac{A}{s+1} + \frac{B}{s+4} + \frac{Cs+D}{s^2+4}$$

$$A = 7{,}67 \ , \ B = 5{,}33$$

$$s^3)A + B + C = 25 \rightarrow C = 12$$

$$s^0)16A + 4B + 4D = 240 \rightarrow D = 24$$

$$v_2(t) = (7{,}67e^{-t} + 5{,}33e^{-4t} + 12cos2t + 12sin2t)u(t)V$$

6. En el ejemplo que vimos cuando obtuvimos los lemas de Kirchhoff y las definiciones de los elementos en el dominio de Laplace, obtuvimos:

$$V(s) = \frac{8s^2 + 12s + 8}{2s^3 + s^2 + 2s + 1}$$

Calcula v(t).

Solución

$$V(s) = \frac{4s^2 + 6s + 4}{s^3 + 0{,}5s^2 + s + 0{,}5}$$

Tomemos el polinomio $s^3 + 0{,}5s^2 + s + 0{,}5 = 0$ y calculemos sus raíces. Tal y como sabemos, serán divisores del término independiente. Probemos a sustituir el valor $s = -0{,}5$, a ver si la ecuación se cumple.

Como sí se cumple, dicho valor es una raíz. Ahora dividiremos la ecuación por $(s + 0{,}5)$, utilizando Ruffini.

	1	0,5	1	0,5
−0,5		−0,5	0	−0,5
	1	0	1	0

$$\Rightarrow s^2 + 1$$

Entonces: $s^3 + 0{,}5s^2 + s + 0{,}5 = (s + 0{,}5)(s^2 + 1)$

Por lo tanto,

$$V(s) = \frac{4s^2 + 6s + 4}{(s + 0{,}5)(s^2 + 1)} = \frac{A}{s + 0{,}5} + \frac{Bs + C}{s^2 + 1}$$

$$A = \frac{8}{5} = 1{,}6$$

$$A + B = 4 \rightarrow B = 2{,}4$$

$$A + 0{,}5C = 4 \rightarrow C = 4{,}8$$

$$v(t) = (1{,}6e^{-0{,}5t} + 2{,}4cost + 4{,}8sint)u(t)V$$

Nota:

En esta solución el término $1{,}6e^{-0{,}5t}$ es transitorio, mientras que el resto son términos estacionarios.

Capítulo 3

Redes de dos puertos o bipuertos

3.1. Introducción

Cualquier red con dos pares de terminales recibe el nombre de red de dos puertos; uno de ellos será el par de terminales de entrada y el otro será el par de terminales de salida. Redes de este tipo son muy utilizadas en el campo de la tecnología, tanto en electrónica como en sistemas de control automático o en la distribución de energía eléctrica. Los terminales de salida pueden estar conectados con los de entrada de otra red de dos puertos, de tal manera que la salida de una se convierte en la entrada de la otra. Al par de terminales de la red por los que entra o sale una señal se le llama puerta o puerto.

En general, los circuitos que hemos analizado hasta ahora eran redes de un solo puerto, por lo que, tal y como sabemos, para definir en ese caso el circuito bastaba con la relación entre la tensión entre dos bornes y la intensidad existente, ya que la intensidad entrante, i_a, y la intensidad saliente, i_b, coincidían.

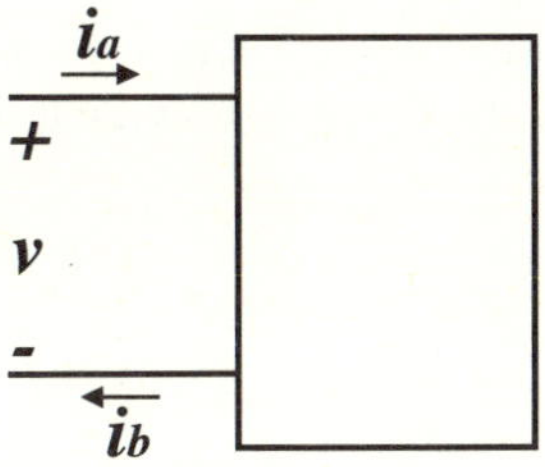

En la siguiente figura hemos representado una red de dos puertos. Las corrientes que pasan por los dos hilos que conforman cada puerto son iguales, es decir, $i_a = i_b$ e $i_c = i_d$.

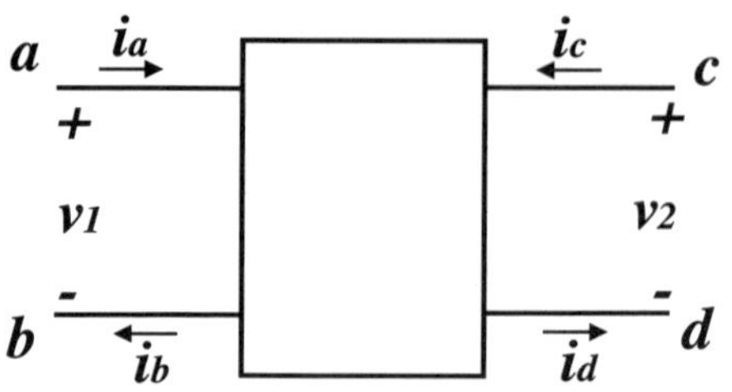

En los métodos que desarrollaremos en este tema las fuentes, las cargas o las redes deben conectarse con la entrada o la salida; esto es, no se pueden establecer conexiones entre los terminales a-c o b-d. En estos casos, se deben utilizar las técnicas generales existentes para la resolución de circuitos, es decir, el método de mallas o el método de nodos.

Supondremos que las redes que analizaremos a partir de ahora están formadas por elementos lineales, y que las fuentes que contienen son fuentes dependientes y lineales, no existiendo fuentes independientes.

3.2. Parámetros de admitancia

Consideremos la red de dos puertos que aparece en la figura:

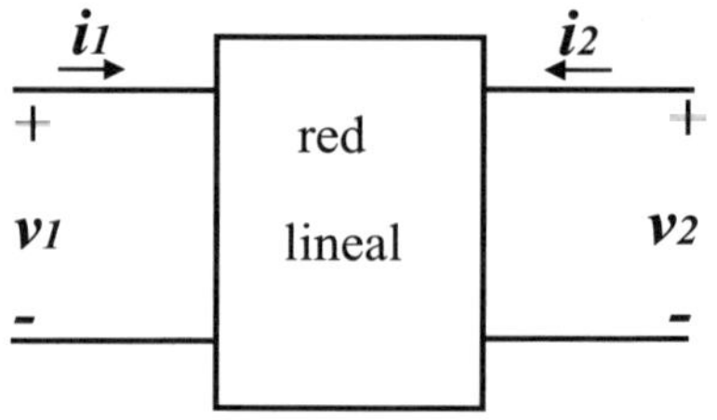

En el puerto de entrada tendremos la tensión v_1 y la corriente i_1; en el de salida, en cambio, v_2 e i_2. En general, se suelen tomar i_1 e i_2 entrantes por los terminales de arriba (y, por lo tanto, que salen por los de abajo). Como la red es lineal y no tiene fuentes independientes, podemos pensar que la corriente i_1 es el resultado de la superposición de dos términos: la corriente producida por la tensión v_1 y la producida por v_2. Lo mismo ocurrirá con la corriente i_2. Por lo tanto, podemos escribir las siguientes ecuaciones:

$$i_1 = y_{11}\ v_1 + y_{12}\ v_2 \tag{3.1}$$

$$i_2 = y_{21}\ v_1 + y_{22}\ v_2 \tag{3.2}$$

donde y_{11}, y_{12}, y_{21} e y_{22} son coeficientes de proporcionalidad que, por ahora, desconocemos. Pero, como sus dimensiones son A/V o Siemmens, se suede decir que son admitancias y, por esta razón, se conocen como parámetros de admitancia.

Las ecuaciones anteriores se utilizan para definir estos parámetros. Así, en el laboratorio, cortocircuitando la salida, esto es, haciendo $v_2 = 0$, y alimentando la entrada, tendríamos:

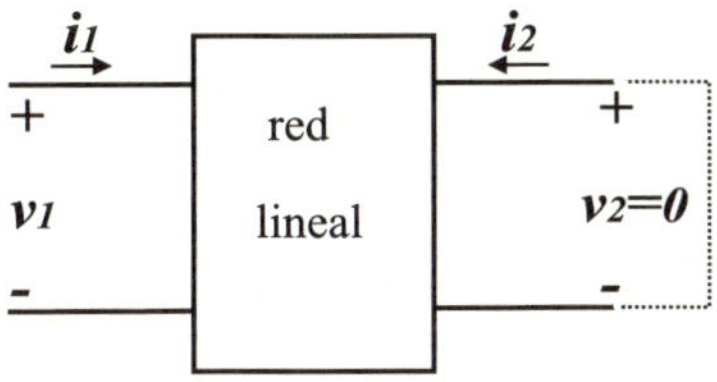

$$i_1 = y_{11}\ v_1 \quad (3.3)$$

$$i_2 = y_{21}\ v_1 \quad (3.4)$$

Por lo tanto, conociendo v_1 y midiendo i_1 e i_2, obtendríamos:

$$y_{11} = \frac{i_1}{v_1}|_{v_2=0} \quad (3.5)$$ admitancia de entrada con salida en c.c.

$$y_{21} = \frac{i_2}{v_1}|_{v_2=0} \quad (3.6)$$ admitancia de transferencia con salida en c.c.

Posteriormente, si cortocircuitáramos la entrada, es decir, si $v_1 = 0$, y alimentáramos la red conectando a la salida una fuente que proporcionara v_2, tras medir i_1 e i_2, conseguiríamos:

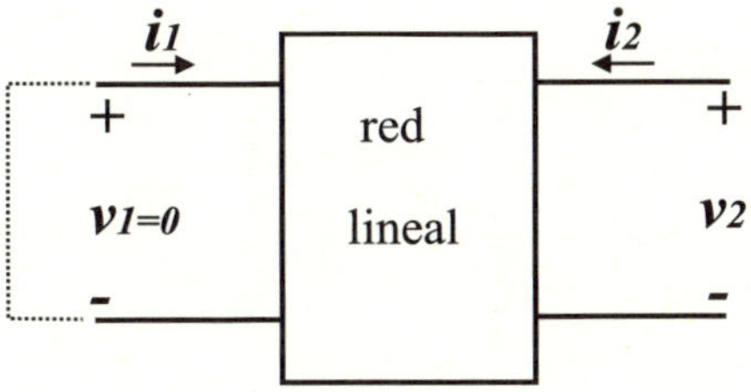

$$y_{12} = \frac{i_1}{v_2}|_{v_1=0} \quad (3.7)$$ admitancia de transferencia con entrada en c.c.

$$y_{22} = \frac{i_2}{v_2}|_{v_1=0} \quad (3.8)$$ admitancia de salida con entrada en c.c.

Si representamos matricialmente las ecuaciones 3.1 y 3.2:

$$\begin{bmatrix} i_1 \\ i_2 \end{bmatrix} = \begin{bmatrix} y_{11} & y_{12} \\ y_{21} & y_{22} \end{bmatrix} * \begin{bmatrix} v_1 \\ v_2 \end{bmatrix} \quad (3.9)$$

Ejemplo 1:

1. a) Encuentra los parámetros de admitancia de la siguiente red bipuerto. b) Calcular i_1, i_2, v_1 y v_2 si a la entrada de dicha red se conecta una fuente de corriente de 15 A en paralelo con una resistencia de 10Ω, y a la salida una resistencia de 4Ω.

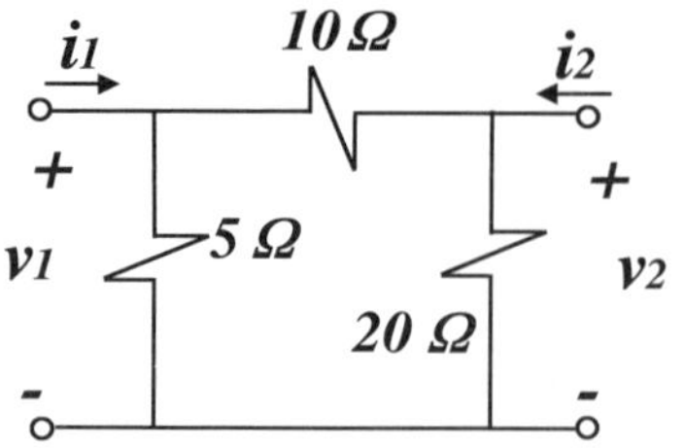

Resolución:

Tal y como sabemos, las ecuaciones que debemos utilizar son:

$$i_1 = y_{11}\ v_1 + y_{12}\ v_2$$

$$i_2 = y_{21}\ v_1 + y_{22}\ v_2$$

Para calcular los parámetros, utilizaremos las definiciones que hemos visto:
a1) Si hacemos $v_2 = 0$, el circuito queda así:

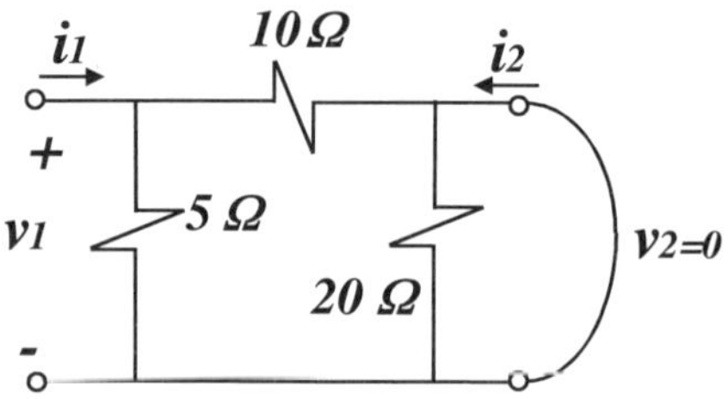

De la primera ecuación:

$$i_1 = y_{11}\ v_1 \rightarrow v_1 = i_1 \frac{5 * 10}{15} \rightarrow y_{11} = \frac{i_1}{v_1}|_{v_2=0} = \frac{15}{50} = 0{,}3S$$

De la segunda ecuación: $i_2 = y_{21}\ v_1$ y mirando en el circuito:

$$i_2 = -i_1 \frac{5}{15}\ e\ i_1 = 0{,}3v_1$$

por lo tanto,

$$i_2 = -0{,}3v_1 \frac{5}{15} \rightarrow y_{21} = \frac{i_2}{v_1}|_{v_2=0} = -\frac{0{,}3 * 5}{15} = -0{,}1S$$

a2) Si hacemos $v_1 = 0$, el circuito queda así:

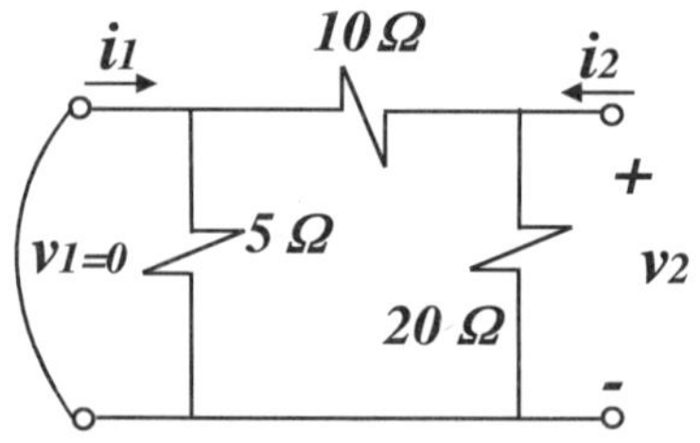

en este caso:

$$i_2 = y_{22}\ v_2 \rightarrow v_2 = i_2 \frac{20 * 10}{30} \rightarrow y_{22} = \frac{i_2}{v_2}|_{v_1=0} = \frac{30}{200} = 0{,}15S$$

$$i_1 = y_{12}\ v_2 \rightarrow y_{12} = \frac{i_1}{v_2}|_{v_2=0}$$

tal y como se observa en el circuito

$$i_1 = -i_2 \frac{20}{30}\ e\ i_2 = 0{,}15 v_2$$

por lo tanto,

$$i_1 = -v_2 * 0{,}15 \frac{20}{30} = -0{,}1S$$

Por último, las ecuaciones que definen el circuito son las siguientes:

$$\begin{cases} i_1 = 0{,}3v_1 - 0{,}1v_2 \\ i_2 = -0{,}1v_1 + 0{,}15v_2 \end{cases} \quad \text{o} \quad [Y] = \begin{bmatrix} 0{,}3 & -0{,}1 \\ -0{,}1 & 0{,}15 \end{bmatrix} (S)$$

Nota:

Se puede resolver este ejemplo utilizando un camino más sencillo: suponiendo que en la entrada existe una fuente de tensión v_1, y en la salida una fuente v_2.

b) Utilizando el método de los nodos:

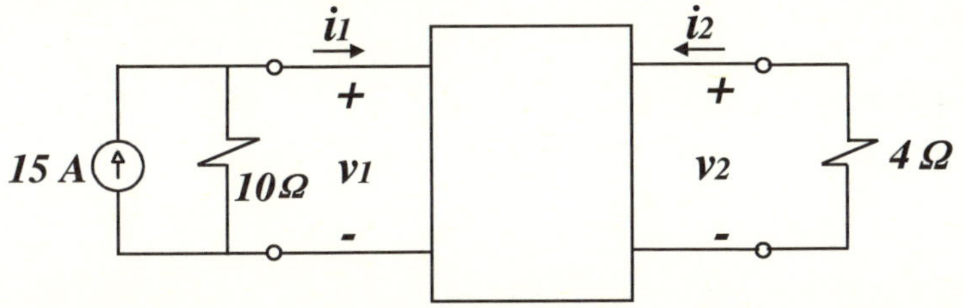

La condición de entrada:

$$i_1 = 15 - \frac{v_1}{10}$$

La condición de salida:

$$i_2 = -\frac{v_2}{4}$$

Las ecuaciones del bipuerto:

$$i_1 = 0{,}3v_1 - 0{,}1v_2$$
$$i_2 = -0{,}1v_1 + 0{,}15v_2$$

(si conocemos estas ecuaciones no es necesario tener en cuenta cómo es la red).

Entonces, igualando las corrientes:

$$15 - \tfrac{v_1}{10} = 0{,}3v_1 - 0{,}1v_2$$
$$-\tfrac{v_2}{4} = -0{,}1v_1 + 0{,}15v_2$$

y de aquí:

$$v_1 = 40V \quad v_2 = 10V$$
$$i_1 = 11A \quad i_2 = -2{,}5A$$

En un ejemplo tan sencillo como éste no se aprecian claramente las ventajas de la utilización de los parámetros; pero si la red de dos puertos que tenemos es un circuito muy complejo, un vez que hayamos calculado los parámetros correspondientes, es muy sencillo determinar su comportamiento para diferentes conexiones de sus terminales.

Ejemplo 2:

Puede considerarse que el circuito de la figura es un equivalente aproximado del amplificador de un transistor, donde el emisor es el nodo inferior, la base es el nodo de entrada superior y el colector el nodo de salida superior.

Se conecta una resistencia de 2000Ω entre el colector y la base. Calcula los parámetros de admitancia:

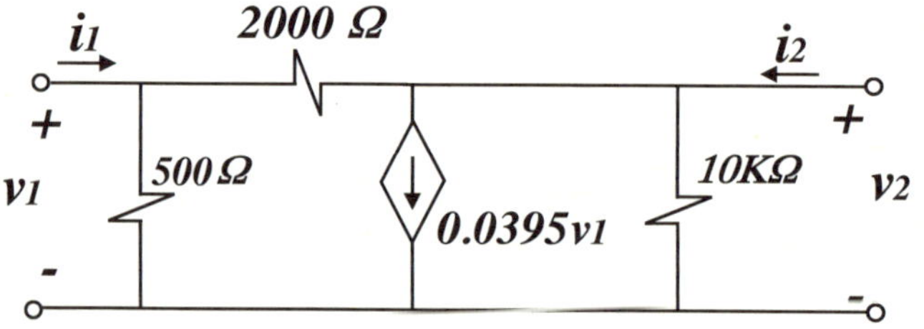

Resolución:

Utilizando nodos:

$$i_1 = \frac{v_1}{500} + \frac{v_1 - v_2}{2000} \rightarrow i_1 = (2{,}5v_1 - 0{,}5v_2)10^{-3}$$

$$i_2 = \frac{v_2}{10000} + 0{,}0395v_1 + \frac{v_2 - v_1}{2000} \rightarrow i_2 = (39v_1 + 0{,}6v_2)10^{-3}$$

$$[Y] = \begin{bmatrix} 2{,}5 & -0{,}5 \\ 39 & 0{,}6 \end{bmatrix} (mS)$$

b) A la entrada de ese circuito se coloca una fuente de corriente de $1\angle 0$ mA y a la salida una carga de $0{,}5k\Omega(2mS)$. Encuentra las tensiones y las corrientes.

Resolución:

Condición de entrada: $i_1 = 1mA$; condición de salida: $i_2 = -2v_2mA$. Por lo tanto, $\begin{cases} 1 = 2{,}5v_1 - 0{,}5v_2 \\ -2v_2 = 39v_1 + 0{,}6v_2 \end{cases}$ y de aquí: $\begin{matrix} v_1 = 0{,}1V & v_2 = -1{,}5V \\ i_1 = 1mA & i_2 = 3mA \end{matrix}$

3.2.1. Ganancias del circuito: G_V, G_I y G_P

En los circuitos de amplificadores se utiliza mucho el concepto de ganancia. Así,

La ganancia de tensión, G_V, es: $$G_V = \frac{v_2}{v_1}$$

La ganancia de corriente, G_I, es: $$G_I = \frac{i_2}{i_1}$$

La ganancia de potencia, G_P, es: $$G_P = \frac{P_{sal}}{P_{ent}} = |G_V * G_I|$$

En el ejemplo 2 tendríamos: $G_V = -15$, $G_I = 3$ y $G_P = 45$.

3.2.2. Impedancia de entrada e impedancia de salida: Z_{in} y Z_{out}

Asimismo, en el caso de los amplificadores, se usan también muy a menudo los conceptos de impedancia de entrada e impedancia de salida:

La impedancia de entrada, Z_{int} , es el cociente entre la tensión y la corriente de entrada.

$$Z_{int} = \frac{v_1}{i_1}$$

La impedancia de salida, Z_{out} , no es más que la impedancia de Thevenin. Esta impedancia no es, de ninguna manera, $\frac{v_2}{i_2}$, ya que esta impedancia es el valor de la carga, y por lo tanto, no es un parámetro que corresponda al circuito.

$$Z_{out} = Z_{TH} = \frac{v_{TH}}{i_N}$$

En el ejemplo 2, tendríamos:

$$Z_{int} = \frac{v_1}{i_1} = 100\Omega$$

Este valor corresponde al caso en el que tengamos conectada a la salida una carga de 500Ω. Si cambiáramos esa carga, tomaría otro valor. Por ejemplo, si cortocircuitamos la salida:

$$Z_{int} = \frac{1}{y_{11}} = 400\Omega$$

La impedancia de salida en el ejemplo 2:

$$Z_{out} = Z_{TH} = \frac{v_{TH}}{i_N}$$

a) v_{TH} dejando la salida en circuito abierto: $i_2 = 0$

$$\left.\begin{array}{l} 1 = 2{,}5v_1 - 0{,}5v_2 \\ 0 = 39v_1 + 0{,}6v_2 \end{array}\right\} \rightarrow v_{TH} = v_2 = -1{,}857V \tag{3.10}$$

b)i_N cortocircuitando la salida: $v_2 = 0$

$$\left.\begin{array}{l} 1 = 2{,}5v_1 \\ i_2 = 39v_1 10^{-3} \end{array}\right\} \rightarrow i_N = -i_2 = -15{,}6mA \tag{3.11}$$

por lo tanto,

$$Z_{out} = \frac{v_{TH}}{i_N} = \frac{-1{,}857}{-15{,}6} = 119\Omega$$

3.3. Parámetros de impedancia

En algunos casos, cuando se trabaja con redes de dos puertos, es más sencillo trabajar con otros parámetros diferentes a los de admitancia.

Consideremos un circuito de dos puertos que cumpla todas las condiciones citadas anteriormente, es decir, lineal y sin fuentes independientes.

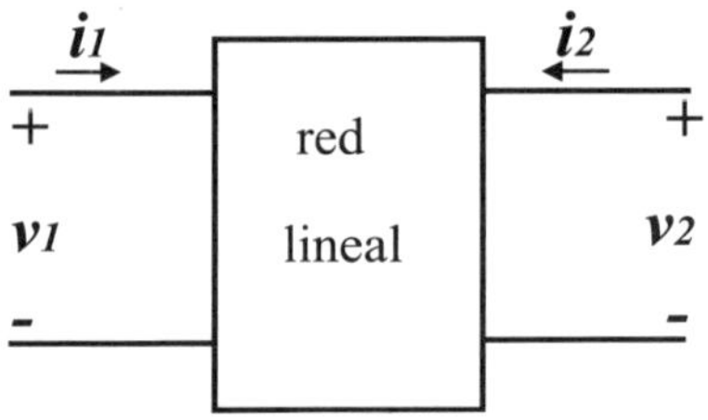

En este circuito, se puede considerar que la tensión v_1, así como la tensión v_2, es una consecuencia de las fuentes de corriente i_1 e i_2. Por lo tanto, según el teorema de superposición, podemos escribir las siguientes ecuaciones:

$$v_1 = z_{11}\, i_1 + z_{12}\, i_2 \tag{3.12}$$

$$v_2 = z_{21}\, i_1 + z_{22}\, i_2 \tag{3.13}$$

Expresado en forma matricial:

$$\begin{bmatrix} v_1 \\ v_2 \end{bmatrix} = \begin{bmatrix} z_{11} & z_{12} \\ z_{21} & z_{22} \end{bmatrix} * \begin{bmatrix} i_1 \\ i_2 \end{bmatrix} \tag{3.14}$$

En estas ecuaciones las "z"son los parámetros de impedancia.

Estas ecuaciones pueden ser utilizadas en cualquier caso. Evidentemente, para usarlas no es necesario que i_1 e i_2 sean fuentes de corriente.

La mejor estrategia para encontrar las definiciones de estos parámetros es la misma que utilizamos en el caso de los parámetros de admitanca. Es decir, en el laboratorio dejamos en circuito abierto la salida ($i_2 = 0$) y alimentamos el circuito por la entrada:

- Cuando $i_2 = 0$,

$$v_1 = z_{11} i_1 \ o \ z_{11} = \frac{v_1}{i_1}|_{i_2=0} \quad (3.15)$$ impedancia de entrada con salida en c.a.

$$v_2 = z_{21} i_1 \ o \ z_{21} = \frac{v_2}{i_1}|_{i_2=0} \quad (3.16)$$ impedancia de transferencia con salida en c.a.

Posteriormente, abrimos la entrada ($i_1 = 0$) y alimentamos la salida:

- Cuando $i_1 = 0$,

$$v_2 = z_{22} i_2 \ o \ z_{22} = \frac{v_2}{i_2}|_{i_1=0} \quad (3.17)$$ impedancia de salida con la entrada en c.a.

$$v_1 = z_{12} i_2 \ o \ z_{12} = \frac{v_1}{i_2}|_{i_1=0} \quad (3.18)$$ impedancia de transferencia con la entrada en c.a.

Ejemplo 3:

La matriz de los parámetros de impedancia de un circuito bipuerto es:

$$\begin{bmatrix} 10^3 & 10 \\ -10^6 & 10^4 \end{bmatrix} (\Omega)$$

Este circuito puede corresponder a un transistor en emisor común. Calcula las ganancias de tensión, corriente y potencia, así como las impedancias de entrada y de salida, si a la entrada se conecta una fuente ideal de tensión sinusoidal v_s en serie con una resistencia de 500Ω y a la salida una resistencia de $10k\Omega$.

Resolución:

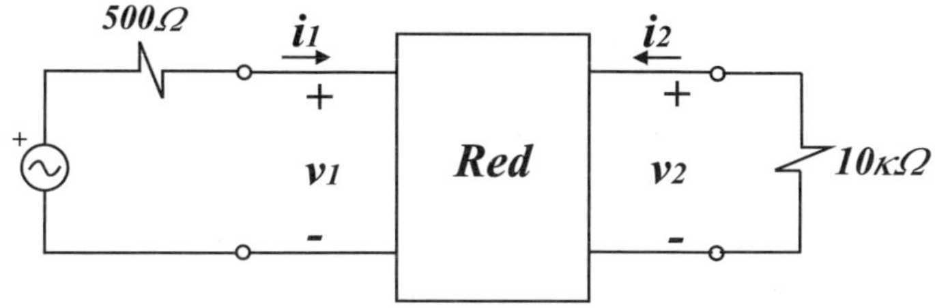

- A la entrada: $v_S = 500 i_1 + v_1$
- A la salida: $v_2 = -10^4 i_2$

- En la red:

$$v_1 = 10^3 i_1 + 10 i_2$$
$$v_2 = -10^6 i_1 + 10^4 i_2$$

Tenemos que resolver un sistema de cuatro ecuaciones con cuatro incógnitas:

$$v_1 = 0{,}75 v_S \quad v_2 = -250 v_S$$
$$i_1 = \frac{v_S}{2000} \quad i_2 = \frac{v_S}{40}$$

Con todo esto:

Ganancia de tensión $$G_V = \frac{v_2}{v_1} = -333{,}33$$

Ganancia de corriente $$G_I = \frac{i_2}{i_1} = 50$$

Ganancia de potencia $$G_P = |G_V * G_I| = 16666{,}67$$

Impedancia de entrada $$Z_{int} = \frac{v_1}{i_1} = 1500\Omega$$

Impedancia de salida $$Z_{out} = Z_{TH} = \frac{v_{TH}}{i_N}$$

- $v_{TH} : i_2 = 0$

$$\left.\begin{array}{l} v_S = 500 i_1 + v_1 \\ v_1 = 10^3 i_1 \\ v_2 = -10^6 i_1 \end{array}\right\} \rightarrow v_{TH} = v_2 = \frac{-10^3}{1{,}5} v_S$$

- $i_N : v_2 = 0$

$$\left.\begin{array}{l} v_S = 500 i_1 + v_1 \\ v_1 = 10^3 i_1 + 10 i_2 \\ 0 = -10^6 i_1 + 10^4 i_2 \end{array}\right\} \rightarrow i_N = -i_2 = -\frac{v_S}{25}$$

Por lo tanto,

$$Z_{out} = Z_{TH} = \frac{v_{TH}}{i_N} = \frac{-\frac{10^3}{1{,}5} v_S}{-\frac{v_S}{25}} = 16{,}67 k\Omega$$

3.4. Parámetros híbridos

Para trabajar cómodamente con transistores los parámetros más adecuados son los parámetros híbridos, ya que en el caso de los transistores la medida de estos parámetros en el laboratorio resulta mucho más sencilla que la medida de los otros parámetros analizados hasta ahora.

Para definir los parámetros híbridos se utilizan las siguientes ecuaciones de las tensiones y corrientes de entrada y salida, siendo las variables independientes la tensión v_1 y la corriente i_2:

$$\begin{matrix} v_1 = h_{11}\, i_1 + h_{12}\, v_2 \\ i_2 = h_{21}\, i_1 + h_{22}\, v_2 \end{matrix} \rightarrow \begin{bmatrix} v_1 \\ i_2 \end{bmatrix} = \begin{bmatrix} h_{11} & h_{12} \\ h_{21} & h_{22} \end{bmatrix} * \begin{bmatrix} i_1 \\ v_2 \end{bmatrix} \qquad (3.19)$$

Para comprender el significado de los parámetros, empezaremos por hacer $v_2 = 0$. Entonces,

$$h_{11} = \frac{v_1}{i_1}|_{v_2=0} \quad (3.20)$$ impedancia de entrada con la salida en c.c.

$$h_{21} = \frac{i_2}{i_1}|_{v_2=0} \quad (3.21)$$ ganancia directa de corriente con la salida en c.c.

Si ahora hiciéramos $i_1 = 0$:

$$h_{12} = \frac{v_1}{v_2}|_{i_1=0} \quad (3.22)$$ ganancia inversa de tensión con la entrada en c.a.

$$h_{22} = \frac{i_2}{v_2}|_{i_1=0} \quad (3.23)$$ admitancia de salida con la entrada en en c.a.

Como uno de estos parámetros tiene dimensiones de impedancia, otro de admitancia y los otros dos son adimensionales, son denominados parámetros híbridos. A menudo los subíndices de estos parámetros se escriben de otra manera (tomando como base el inglés); así,

$$\begin{aligned} h_{11} &= h_i(input = entrada) \\ h_{12} &= h_r(reverse = inversa) \\ h_{21} &= h_f(forward = directa) \\ h_{22} &= h_o(output = salida) \end{aligned}$$

Ejemplo 4:

Encuentra los parámetros híbridos de este circuito bipuerto:

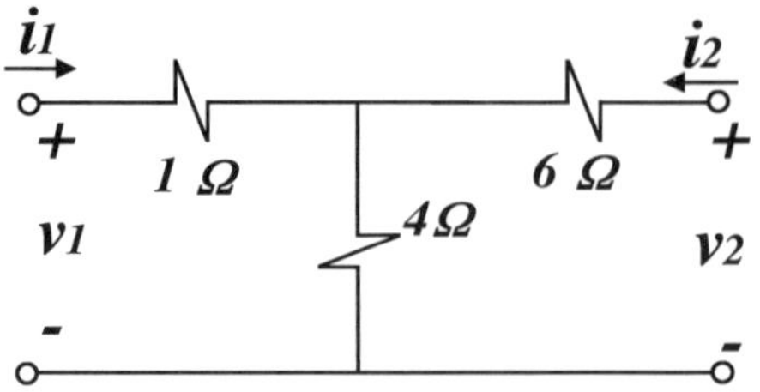

Resolución

Cortocircuitando la salida: $v_2 = 0$

$$v_1 = i_1(\frac{6*4}{10} + 1) = i_1 3{,}4 \rightarrow h_{11} = \frac{v_1}{i_1} = 3{,}4\Omega$$

y aplicando el divisor de corriente:

$$i_2 = -i_1 \frac{4}{10} \rightarrow h_{21} = \frac{i_2}{i_1} = -0{,}4$$

Ahora, dejando la entrada abierta, $i_1 = 0$,

$$v_1 = v_2 \frac{4}{10} \rightarrow h_{12} = \frac{v_1}{v_2} = 0{,}4$$

y

$$v_2 = i_2 10 \rightarrow h_{22} = \frac{i_2}{v_2} = 0{,}1S$$

Por lo tanto,

$$\begin{bmatrix} 3{,}4\Omega & 0{,}4 \\ -0{,}4 & 0{,}1S \end{bmatrix}$$

Ejemplo 5:

La siguiente figura es la representación gráfica de los parámetros híbridos. Asimismo, es un modelo equivalente muy utilizado de un transistor:

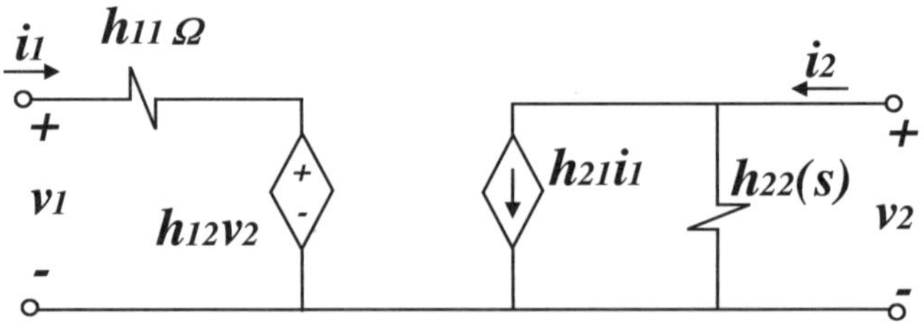

En el caso de un transistor en emisor común, algunos valores lógicos son: $h_{11} = 1200\Omega$, $h_{12} = 2 * 10^{-4}$, $h_{21} = 50$ y $h_{22} = 50 * 10^{-6}S$

Supongamos que en la entrada conectamos una fuente de tensión de $1\angle 0mV$ que tiene una resistencia interna de 800Ω, y que en la salida conectamos una carga de $5k\Omega$. Calcula las diferentes ganancias.

Resolución:

La ecuaciones de la red bipuerto son:

$$v_1 = 1200i_1 + 2 * 10^{-4}v_2$$
$$i_2 = 50i_1 + 50 * 10^{-6}v_2$$

En la entrada: $v_1 = 10^{-3} - 800i_1$
En la salida: $i_2 = \frac{-v_2}{5000}$
De aquí,

$$v_1 = 0{,}59mV \qquad i_1 = 0{,}51\mu A$$
$$v_2 = -102{,}04mV \qquad i_2 = 20{,}41\mu A$$

Entonces:

$$G_V = \frac{v_2}{v_1} = -172{,}41$$
$$G_I = \frac{i_2}{i_1} = 40$$
$$G_P = 172 * 40 = 6896{,}55$$

En este caso la impedancia de entrada:

$$Z_{int} = \frac{v_1}{i_1} = 1160\Omega$$

Y para encontrar la impedancia de salida debemos calcular la impedancia de Thevenin, Z_{TH}, resultando ser $22{,}22k\Omega$.

3.5. Parámetros de transmisión

Por medio de estos parámetros se relacionan la tensión y la corriente del puerto de entrada con la tensión y la corriente del puerto de salida. Los parámetros de transmisión se suelen utilizar para el estudio de redes de transmisión conectadas en serie:

$$\begin{array}{l} v_1 = t_{11}\, v_2 + t_{12}\, i_2 \\ i_1 = t_{21}\, v_2 + t_{22}\, i_2 \end{array} \rightarrow \begin{bmatrix} v_1 \\ i_1 \end{bmatrix} = \begin{bmatrix} t_{11} & t_{12} \\ t_{21} & t_{22} \end{bmatrix} * \begin{bmatrix} v_2 \\ -i_2 \end{bmatrix} \quad (3.24)$$

Los parámetros de transmisión son:

$$t_{11} = \frac{v_1}{v_2}|_{i_2=0} \quad (3.25) \qquad t_{12} = -\frac{v_1}{i_2}|_{v_2=0} \quad (3.26)$$

$$t_{21} = \frac{i_1}{v_2}|_{i_2=0} \quad (3.27) \qquad t_{22} = \frac{i_1}{-i_2}|_{v_2=0} \quad (3.28)$$

En las redes de tranmisión se expresan utilizando las letras A, B, C y D:

$$\begin{bmatrix} v_1 \\ i_1 \end{bmatrix} = \begin{bmatrix} A & B \\ C & D \end{bmatrix} * \begin{bmatrix} v_2 \\ -i_2 \end{bmatrix} \quad (3.29)$$

Cuando la red es simétrica el determinante de la matriz es $= AD - BC = 1$.

3.6. Conexión en serie de cuadripolos

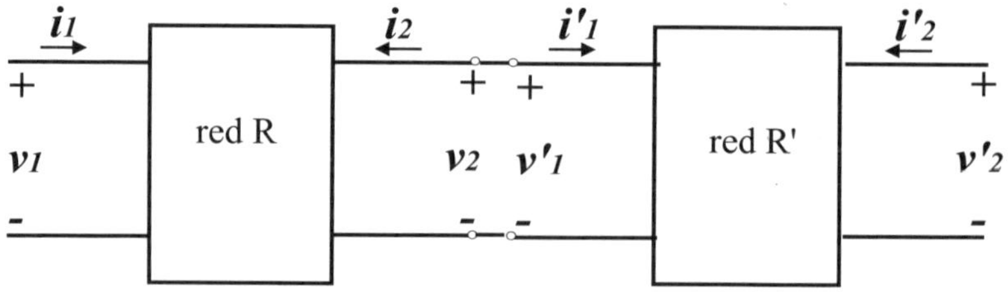

$$v_2 = v_1\prime$$

$$i_1\prime = -i_2$$

Las ecuaciones de la red R son:

$$\begin{bmatrix} v_1 \\ i_1 \end{bmatrix} = [t_R] * \begin{bmatrix} v_2 \\ -i_2 \end{bmatrix}$$

Las de la red $R\prime$, en cambio:

$$\begin{bmatrix} v_1\prime \\ i_1\prime \end{bmatrix} = [t_{R\prime}] * \begin{bmatrix} v_2\prime \\ -i_2\prime \end{bmatrix}$$

La relación entre la tensión y la corriente de la entrada y la tensión y corriente de la salida:

$$\begin{bmatrix} v_1 \\ i_1 \end{bmatrix} = [t_R] * \begin{bmatrix} v_1\prime \\ i_1\prime \end{bmatrix} = [t_R] * [t_{R\prime}] * \begin{bmatrix} v_2\prime \\ -i_2\prime \end{bmatrix}$$

La matriz de los parámetros de transmisión de dos cuadripolos conectados en serie es la siguiente:

$$[t_R] * [t_{R\prime}]$$

Capítulo 4

Análisis de Fourier

4.1. Introducción

A menudo las fuentes que utilizamos en los circuitos no proporcionan una alimentación continua pura o sinusoidal pura, pero sí una excitación periódica, es decir, su forma se repite a lo largo del tiempo. Por otra parte, las expresiones matemáticas de este tipo de excitación cumplen una serie de condiciones, de tal manera que dichas ecuaciones se pueden expresar como sumas de infinitas funciones seno y coseno. Así, como los circuitos que utilizamos suelen ser lineales, y es conocido cómo se calcula la respuesta de circuitos excitados sinusoidalmente, podemos encontrar la respuesta de un circuito alimentado con una función periódica general por medio de la suma de esas sinusoides.

4.2. Forma trigonométrica de la serie de Fourier

Sea f(t) una función periódica, es decir, $f(t) = f(t + nT)$, donde T es el periodo y n un número natural. Por otra parte, la función f(t) cumplirá las siguientes condiciones:

1. f(t) tiene en todos los puntos un único valor.
2. $\forall t$, existe $\int_{t_0}^{t_0+T} |f(t)|dt$ (no es infinita).
3. En un periodo la función f(t) tiene un número finito de discontinuidades.
4. En un periodo el número de máximos y mínimos de f(t) es finito.

Todas las tensiones o corrientes que podemos tener en la realidad cumplen estas condiciones.

Cuando se cumplen todas estas premisas, la función periódica f(t) puede expresarse, según el teorema de Fourier, como la siguiente serie infinita:

$$f(t) = a_0 + a_1 cos(\omega_0 t) + a_2 cos(2\omega_0 t) + \ldots + b_1 sin(\omega_0 t) + b_2 sin(2\omega_0 t) + \ldots =$$

$$= a_0 + \sum_{n=1}^{\infty} [a_n cos(n\omega_0 t) + b_n sin(n\omega_0 t)] \quad (4.1)$$

donde

- La frecuencia angular fundamental, ω_0, vale $\omega_0 = \frac{2\pi}{T} = 2\pi f_0$
- La constante a_0 es el valor promedio de la función en un periodo, por lo que se la conoce como componente continua.
- Los coeficientes del armónico n, a_n y b_n, están condicionados por n y por f(t).

La ecuación 4.1 es la expresión tigonométrica de la serie de Fourier y al cálculo de los coeficientes a_0, a_n y b_n se le llama análisis de Fourier.

Nota:

Como este tema se estudia en matemáticas, aquí no haremos ninguna demostración, aunque sí recordaremos los resultados obtenidos:

En las siguientes integrales tomaremos 0 y T como límites de integración, pero también se puede utilizar cualquier otro intervalo que contenga íntegramente el periodo. Sean n y k dos números naturales cualesquiera. Como en un periodo el valor medio de cualquier sinusoide es nulo:

$$\int_0^T sin(n\omega_0 t)\ dt = 0 \tag{4.2}$$

$$\int_0^T cos(n\omega_0 t)\ dt = 0 \tag{4.3}$$

También tenemos las siguientes integrales:

$$\int_0^T sin(k\omega_0 t)\ cos(n\omega_0 t)\ dt = 0 \tag{4.4}$$

Cuando $(k \neq n)$,

$$\int_0^T sin(k\omega_0 t)\ sin(n\omega_0 t)\ dt = 0 \tag{4.5}$$

$$\int_0^T cos(k\omega_0 t)\ cos(n\omega_0 t)\ dt = 0 \tag{4.6}$$

Cuando $(k = n)$,

$$\int_0^T sin^2(n\omega_0 t)\ dt = \frac{T}{2} \tag{4.7}$$

$$\int_0^T cos^2(n\omega_0 t)\ dt = \frac{T}{2} \tag{4.8}$$

4.3. Análisis de Fourier

Calcularemos las constantes de la serie de Fourier:

4.3.1. Coeficiente a_o:

Lo calcularemos integrando los dos miembros de la ecuación 4.1 en un periodo completo:

$$\int_0^T f(t)\ dt = \int_0^T a_0\ dt + \int_0^T \sum_{n=1}^{\infty}[a_n cos(n\omega_0 t) + b_n sin(n\omega_0 t)]\ dt$$

pero como todos los términos de la suma son como los que aparecen en las ecuaciones 4.2 y 4.3,

$$\int_0^T f(t)\ dt = \int_0^T a_0\ dt = a_0 T$$

y

$$a_0 = \frac{1}{T}\int_0^T f(t)\ dt \tag{4.9}$$

El coeficiente a_0, que tiene un valor constante a lo largo del tiempo, es el valor promedio de la función f(t) y se denomina componente continua de la función f(t).

4.3.2. Coeficientes a_n:

Para calcular estos coeficientes, multiplicaremos los dos miembros de la ecuación 4.1 por la función $cos(k\omega_0 t)$ y los integraremos en un periodo completo:

$$\int_0^T f(t)\ cos(k\omega_0 t)dt = \int_0^T a_0\ cos(k\omega_0 t)dt + \int_0^T \sum_{n=1}^{\infty} a_n cos(n\omega_0 t)\ cos(k\omega_0 t)\ dt +$$

$$+\int_0^T \sum_{n=1}^{\infty} b_n sin(n\omega_0 t) cos(k\omega_0 t)\ dt$$

Teniendo en cuenta las ecuaciones 4.3, 4.4 y 4.6, la primera y la tercera integrales son nulas y en la segunda integral todos los términos se hacen cero excepto cuando $k = n$:

$$\int_0^T f(t) cos(n\omega_0 t)\ dt = \int_0^T a_n\ cos^2(n\omega_0 t)dt = \frac{T}{2}a_n$$

entonces,

$$a_n = \frac{2}{T}\int_0^T f(t)\ cos(n\omega_0 t)dt \tag{4.10}$$

4.3.3. Coeficientes b_n:

Para calcular estos coeficientes, multiplicaremos los dos miembros de la ecuación 4.1 por la función $sin(k\omega_0 t)$ y los integraremos en un periodo completo. La ecuación obtenida finalmente es:

$$b_n = \frac{2}{T}\int_0^T f(t)\ sin(n\omega_0 t)dt \qquad (4.11)$$

Ejemplo 1:

La onda de la figura corresponde a una tensión. Encuentra la expresión de la serie de Fourier que le corresponde:

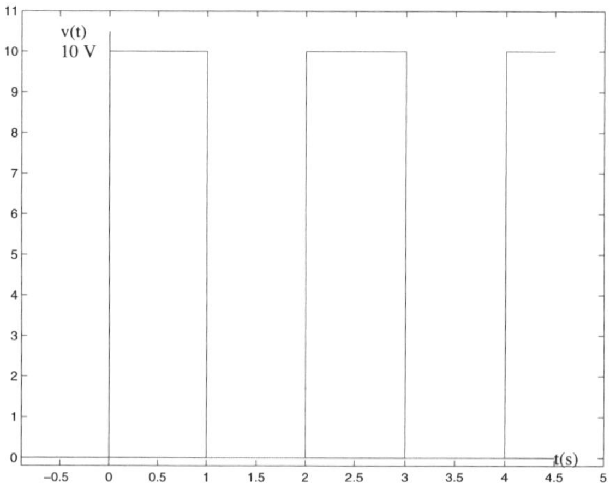

Resolución:

$T = 2\ s$, $f_0 = 1/2 = 0{,}5\ Hz$ y $\omega_0 = \pi\ rad/s$.
La expresión de la función que nos han dado:

$$v(t) = \begin{cases} 10\ V & 0\ s < t < 1\ s \\ 0 & 1\ s < t < 2\ s \end{cases}$$

El término a_0 lo calcularemos con la ecuación 4.9:

$$a_0 = \frac{1}{T}\int_0^T v(t)\ dt = \frac{1}{2}[\int_0^1 10\ dt + \int_1^2 0\ dt] = \frac{10}{2}[1-0] = 5$$

Para calcular el coeficiente a_n del coseno:

$$a_n = \frac{2}{T}\int_0^T v(t)\ cos(n\omega_0 t)\ dt = \frac{2}{2}[\int_0^1 10\ cos(n\omega_0 t)dt + 0] =$$

$$= \frac{10}{n\pi}[sin(n\pi t)]_0^1 = \frac{10}{n\pi}sin(n\pi) = 0$$

y para calcular el coeficiente b_n del seno:

$$b_n = \frac{2}{T}\int_0^T v(t)\ sin(n\omega_0 t)\ dt = \frac{2}{2}[\int_0^1 10\ sin(n\omega_0 t)dt + 0] =$$

$$= \frac{10}{n\pi}[-cos(n\pi t)]_0^1 = \frac{-10}{n\pi}[cos(n\pi) - 1] = \frac{20}{n\pi}$$

con n impar (con n par $b_n = 0$).

Por lo tanto,

$$v(t) = [5 + \frac{20}{\pi}sin(\pi t) + \frac{20}{3\pi}sin(3\pi t) + \frac{20}{5\pi}sin(5\pi t) + \ldots]\ V =$$

$$= [5 + \sum_{n=1,nimpar}^{\infty} \frac{20}{n\pi}sin(n\pi t)]\ V$$

En este ejemplo no aparecen términos en coseno; es decir, el término completo de la frecuencia angular $n\omega_0$ es el correspondiente al seno.

4.4. Serie de Fourier en forma de coseno

La expresión trigonométrica de la serie de Fourier tiene funciones seno y coseno. Recordando que la suma de dos funciones sinusoidales es otra función sinusoidal, es recomendable, para agilizar el trabajo, sumar los dos términos que tengan la misma frecuencia.

Por lo tanto,

$$a_n cos(n\omega_0 t) + b_n sin(n\omega_0 t) = M_n cos(n\omega_0 t + \varphi_n)$$

Aquí debemos encontrar M_n y φ_n. Para ello:

$$M_n cos(n\omega_0 t + \varphi_n) = M_n[cos(n\omega_0 t)\ cos\varphi_n - sin(n\omega_0 t)\ sin\varphi_n]$$

identificando los términos,

$$\left.\begin{aligned} a_n &= M_n cos\varphi_n \\ b_n &= -M_n sin\varphi_n \end{aligned}\right\} \tag{4.12}$$

Dividiendo,

$$-tag\ \varphi_n = \frac{b_n}{a_n} \rightarrow \varphi_n = arctag(-\frac{b_n}{a_n})$$

Sumando los cuadrados de los dos coeficientes a_n y b_n,

$$a_n^2 + b_n^2 = M_n^2(cos^2\varphi_n + sin^2\varphi_n) = M_n^2 \rightarrow M_n = \sqrt{a_n^2 + b_n^2}$$

Entonces, la serie de Fourier se puede expresar como:

$$f(t) = a_0 + \sum_{n=1}^{\infty} M_n cos(n\omega_0 t + \varphi_n) \tag{4.13}$$

donde a_0 es la componente continua.

Cuando $n = 1$ la frecuencia del término $M_1 cos(\omega_0 t + \varphi_1)$ es la misma que la de la función dada, por lo que se denomina componente fundamental o primer armónico.

Cuando $n = 2$, tendremos el segundo armónico, y así sucesivamente.

Antes de calcular los coeficientes, se puede saber si algunos términos van a ser nulos analizando la(s) simetría(s) de la función.

4.5. Uso de la simetría

Existen tres tipos de simetía: simetría par, simetría impar y simetría de media onda.

- Simetría par:

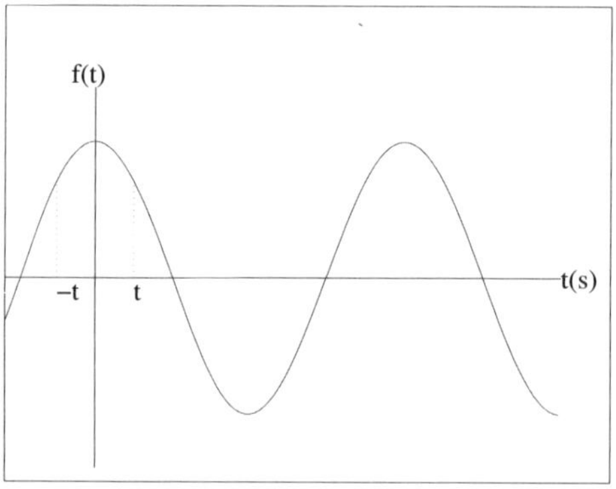

Cuando $f(t) = f(-t)$, la simetría es par. La función coseno, por ejemplo, tiene este tipo de simetría.

Cuando tenemos este tipo de simetría todos los coeficientes de los senos serán nulos:

$$f(t) = a_0 + a_1 cos(\omega_0 t) + a_2 cos(2\omega_0 t) + \ldots + b_1 sin(\omega_0 t) + b_2 sin(2\omega_0)t + \ldots =$$

$$f(-t) = a_0 + a_1 cos[\omega_0(-t)] + a_2 cos[2\omega_0(-t)] + \ldots + b_1 sin[\omega_0(-t)] + b_2 sin[2\omega_0(-t)] + \ldots =$$

$$= a_0 + a_1 cos(\omega_0 t) + a_2 cos(2\omega_0 t) + \ldots - b_1 sin(\omega_0 t) - b_2 sin(2\omega_0 t) - \ldots =$$

Por lo tanto, para que $f(t) = f(-t)$, $b_1 = -b_1$, $b_2 = -b_2$,..., es decir, $b_n = 0$.

- Simetría impar:

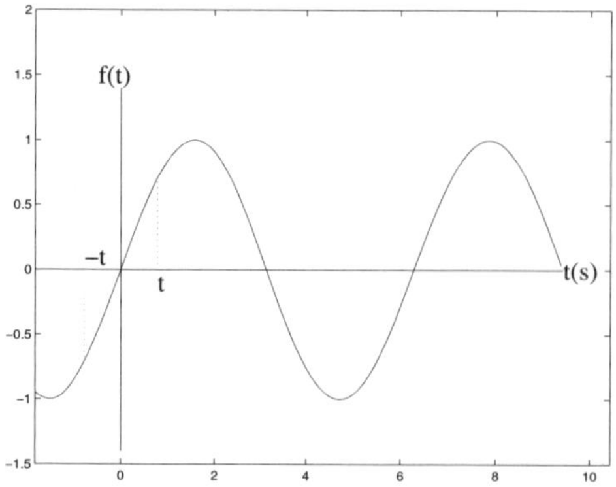

Cuando $f(t) = -f(-t)$, la simetría es impar. La función seno, por ejemplo, tiene este tipo de simetría.

Cuando tenemos este tipo de simetría todos los coeficientes de los cosenos, así como a_0, serán nulos:

$$f(t) = a_0 + a_1 cos(\omega_0 t) + a_2 cos(2\omega_0 t) + \ldots + b_1 sin(\omega_0 t) + b_2 sin(2\omega_0 t) + \ldots =$$

$$-f(-t) = -a_0 - a_1 cos(\omega_0 t) - a_2 cos(2\omega_0 t) - \ldots + b_1 sin(\omega_0 t) + b_2 sin(2\omega_0 t) + \ldots =$$

Por lo tanto, para que $f(t) = -f(-t)$, $a_0 = -a_0$, $a_1 = -a_1$, $a_2 = -a_2$,. . ., es decir, $a_n = 0$.

- Simetría de media onda:

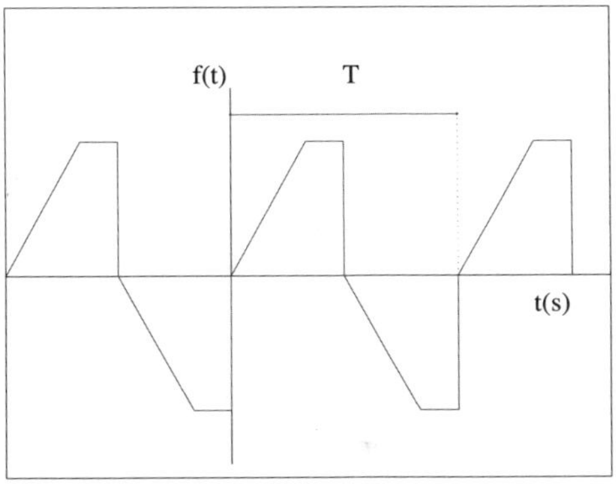

Cuando $f(t) = -f(t + T/2)$ la simetría es de media onda.

En este caso, todos los a_n y los b_n, cuando n es par, son nulos.

$$f(t) = a_0 + a_1 cos(\omega_0 t) + a_2 cos(2\omega_0 t) + \ldots + b_1 sin(\omega_0 t) + b_2 sin(2\omega_0 t) + \ldots = -f(t + \frac{T}{2}) =$$

$$= -a_0 - a_1 cos[\omega_0 (t + \frac{T}{2})] - a_2 cos[2\omega_0 (t + \frac{T}{2})] - \ldots - b_1 sin[\omega_0 (t + \frac{T}{2})] - b_2 sin[2\omega_0 (t + \frac{T}{2})] - \ldots =$$

$$= -a_0 - a_1 cos(\omega_0 t + \pi) - a_2 cos(2\omega_0 t + 2\pi) - \ldots - b_1 sin(\omega_0 t + \pi) - b_2 sin(2\omega_0 t + 2\pi) - \ldots =$$

$$= -a_0 + a_1 cos(\omega_0 t) - a_2 cos(2\omega_0 t) - \ldots + b_1 sin(\omega_0 t) - b_2 sin(2\omega_0 t) - \ldots$$

Por lo tanto, si $f(t) = -f(t + T/2)$, $a_0 = -a_0$, $a_2 = -a_2$, $b_2 = -b_2$,. . ., es decir, $a_0 = a_2 = a_4 = \ldots = b_2 = b_4 = \ldots = 0$.

Nota:

Una onda puede tener a la vez simetría de media onda y simetría par o impar.

4.6. Espectro de ondas no-sinusoidales

En la ecuación 4.13, se obtiene el espectro de una onda si se representan las amplitudes en función de las frecuencias. La gráfica es discreta, y no continua, es decir, en cada frecuencia tiene forma de barra y no presenta valores entre las frecuencias.

Veamos la onda del ejemplo 1:

$$v(t) = [5 + \frac{20}{\pi} sin(\pi t) + \frac{20}{3\pi} sin(3\pi t) + \frac{20}{5\pi} sin(5\pi t) + \ldots]\ V$$

en los armónicos pares ($\omega = 2\omega_0, 4\omega_0, ...$) se cumple que $M_n = 0$. Por lo tanto, su espectro es el siguiente:

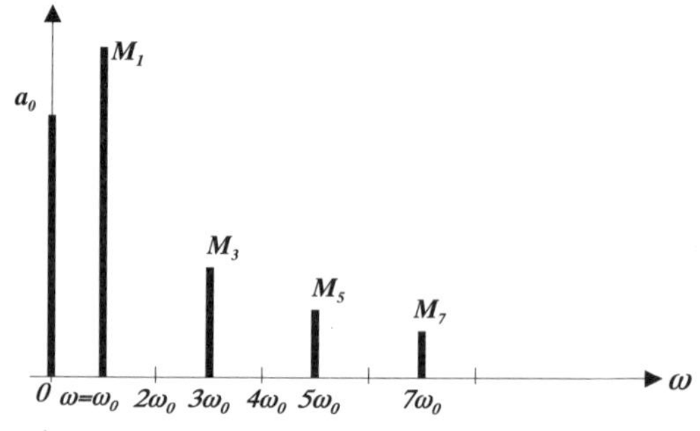

4.7. Uso de la transformada de Fourier en los circuitos eléctricos

Podemos utilizar la serie de Fourier para calcular la respuesta de un circuito alimentado a la entrada por una onda periódica. Para ello, expresaremos la onda periódica en forma de serie de Fourier (llevaremos a cabo el análisis de Fourier), para posteriormente calcular la respuesta del circuito. Suponiendo que el circuito es lineal y que, por lo tanto, se cumple el principio de superposición, la respuesta total del circuito se calcula sumando la respuesta del circuito a la componente continua, a la componente fundamental y a cada uno de los armónicos. Esto es lo que haremos en los siguientes ejemplos.

Ejemplo 2:

Alimentamos el siguiente circuito con la tensión de la figura. Calcula la corriente.

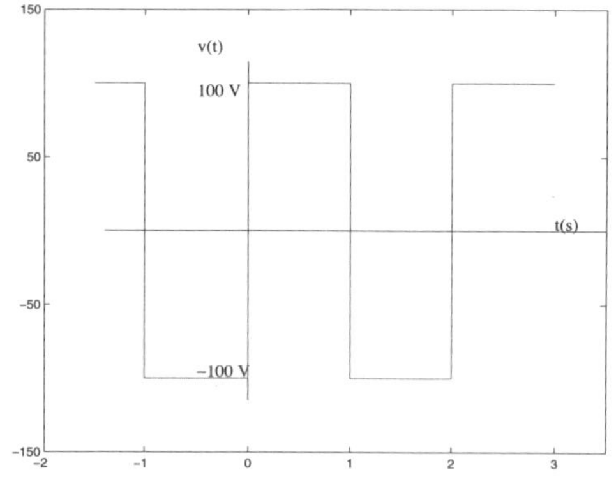

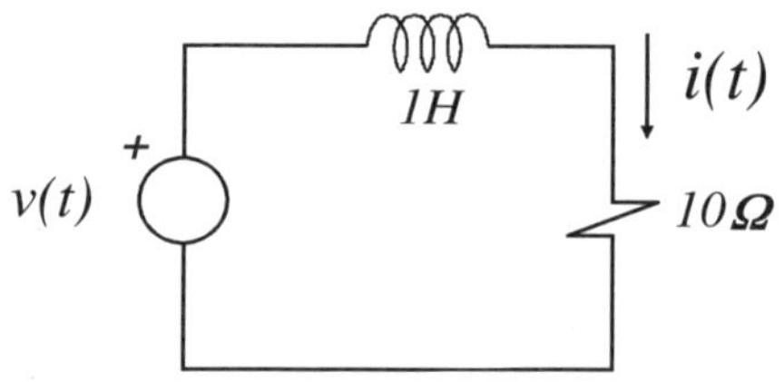

Resolución:

a) Análisis de Fourier
Se cumple que $T = 2\ s$ y $\omega_0 = \pi\ rad/s$.

La expresión de la función dada:

$$v(t) = \begin{cases} 100\ V & 0\ s < t < 1\ s \\ -100\ V & 1\ s < t < 2\ s \end{cases}$$

Simetrías: impar, por lo que $a_n = 0$; de media onda, por lo que $b_2 = b_4 = b_6 = \ldots = 0$

Tomemos los tres primeros términos que no son nulos:

$$b_1 = \frac{2}{T}\int_0^T v(t)\ sin(n\omega_0 t)\ dt = \frac{2}{2}[\int_0^1 100\ sin(\pi t)dt + \int_1^2 -100\ sin(\pi t)dt] =$$

$$= \frac{100}{\pi}[(-cos(\pi t))_0^1 - (-cos(\pi t))_1^2] = \frac{400}{\pi}$$

$$b_3 = 100[\int_0^1 sin(3\pi t)dt - \int_1^2 sin(3\pi t)dt] = \frac{400}{3\pi}$$

$$b_5 = 100[\int_0^1 sin(5\pi t)dt - \int_1^2 sin(5\pi t)dt] = \frac{400}{5\pi}$$

Por lo tanto,

$$v(t) \simeq \frac{400}{\pi}[sin(\pi t) + \frac{1}{3}sin(3\pi t) + \frac{1}{5}sin(5\pi t)]\ V$$

b) Resolución del circuito

- Tomemos el primer armónico o componente fundamental, $v_1 = (400/\pi)sin(\pi t)\ V = 127{,}32 sin(\pi t)\ V$, como base:

  $$\overline{V_1} = \frac{127{,}32}{\sqrt{2}}\angle 0\ V$$

  La impedancia del circuito: $\overline{Z_1} = R + jL\omega_0 = (10 + j3{,}14)\ \Omega = 10{,}48\angle 17{,}44\Omega$

  Por lo tanto, el valor de la corriente para el primer armónico:

  $$\overline{I_1} = \frac{\overline{V_1}}{\overline{Z_1}} = \frac{\frac{127{,}32\angle 0}{\sqrt{2}}}{10{,}48\angle 17{,}44} = \frac{12{,}15}{\sqrt{2}}\angle -17{,}44\ A$$

  $$i_1 = 12{,}15 sin(\pi t - 17{,}44)\ A$$

- Ahora, con el tercer armónico: $v_3 = (400/3\pi)sin(3\pi t)V$

  $$\overline{V_3} = \frac{400}{\sqrt{2}\ 3\pi}\angle 0 = \frac{42{,}44}{\sqrt{2}}\angle 0\ V$$

  La impedancia del circuito: $\overline{Z_3} = R + jL(3\omega_0) = (10 + j3\pi)\ \Omega = 13{,}74\angle 43{,}30\ \Omega$

  Por lo tanto, el valor de la corriente para el tercer armónico:

  $$\overline{I_3} = \frac{\overline{V_3}}{\overline{Z_3}} = \frac{\frac{42{,}44\angle 0}{\sqrt{2}}}{13{,}74\angle 43{,}30} = \frac{3{,}09}{\sqrt{2}}\angle -43{,}30\ A$$

  $$i_3 = 3{,}09 sin(3\pi t - 43{,}30)\ A$$

- El quinto armónico: $v_5 = (400/5\pi) sin(5\pi t)\ V$

$$\overline{V_5} = \frac{25{,}46}{\sqrt{2}} \angle 0\ V$$

La impedancia del circuito: $\overline{Z_5} = R + jL(5\omega_0) = (10 + j5\pi)\,\Omega = 18{,}62\angle 57{,}52\,\Omega$

Por lo tanto, el valor de la corriente para el quinto armónico:

$$\overline{I_5} = \frac{\overline{V_5}}{\overline{Z_5}} = \frac{\frac{25{,}46}{\sqrt{2}}\angle 0}{18{,}62\angle 57{,}52} = \frac{1{,}37}{\sqrt{2}}\angle -57{,}52\ A$$

$$i_5 = 1{,}37 sin(5\pi t - 57{,}52)\ A$$

- Por lo tanto

$$i(t) \simeq i_1 + i_3 + i_5 = [12{,}15 sin(\pi t - 17{,}44) - 3{,}09 sin(3\pi t - 43{,}30) + 1{,}37 sin(5\pi t - 57{,}52)]\ A$$

Nota: como el valor de los armónicos es cada vez menor, podemos tomar como válida la aproximación.

Ejemplo 3:

El circuito de la figura es recorrido por la corriente que aparece en el gráfico. Encuentra la tensión del condensador.

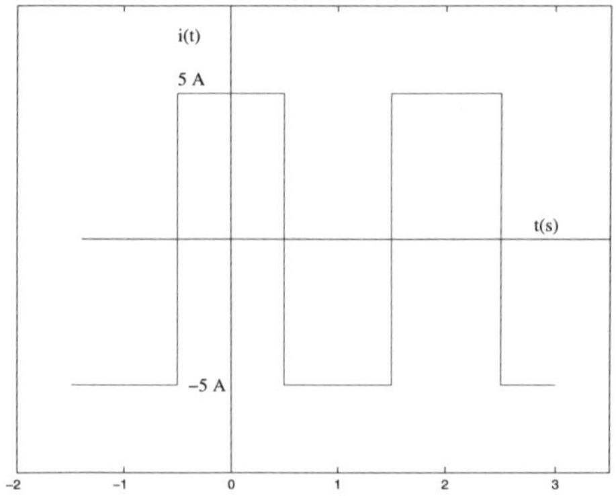

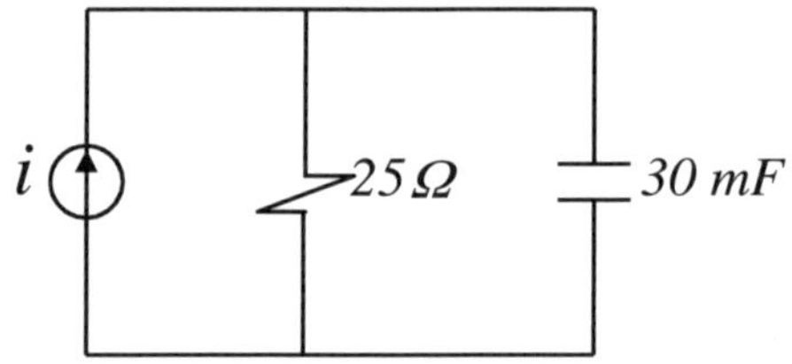

Resolución:

a) Análisis de Fourier
Se cumple que $T = 2\ s$ y $\omega_0 = \pi\ rad/s$.
La expresión de la función dada:

$$i(t) = \begin{cases} 5\ A & -0{,}5\ s < t < 0{,}5\ s \\ -5\ A & 0{,}5\ s < t < 1{,}5\ s \end{cases}$$

Nota: tal y como ya hemos comentado anteriormente no es necesario partir de cero, pero sí lo es tomar un periodo completo. Si resolvemos este problema tal y como lo hemos hecho aquí, sólo es necesario tener en cuenta dos intervalos; sin embargo, si partiéramos de cero, nos veríamos obligados a tomar tres intervalos.

Simetrías: par, por lo que $b_n = 0$; de media onda, por lo que $a_0 = a_2 = a_4 = a_6 = \ldots = 0$

Consideremos los tres primeros términos que no son nulos:

$$a_1 = \frac{2}{T}\int_0^T i(t)\ cos(\pi t)dt = \frac{2}{2}[\int_{-0,5}^{0,5} 5\ cos(\pi t)dt + \int_{0,5}^{1,5} -5\ cos(\pi t)dt] =$$

$$= \frac{5}{\pi}[(sin\pi t)_{-0,5}^{0,5} - (sin\pi t)_{0,5}^{1,5}] = \frac{20}{\pi}$$

$$a_3 = 5[\int_{-0,5}^{0,5} 5\ cos(3\pi t)dt - \int_{0,5}^{1,5} cos(3\pi t)dt] = -\frac{20}{3\pi}$$

$$a_5 = 5[\int_{-0,5}^{0,5} 5\ cos(5\pi t)dt - \int_{0,5}^{1,5} cos(5\pi t)dt] = \frac{20}{5\pi}$$

Así,

$$i(t) \simeq \frac{20}{\pi}[cos(\pi t) - \frac{1}{3}cos(3\pi t) + \frac{1}{5}cos(5\pi t)]\ A$$

b) Resolución del circuito

- Tomemos el primer armónico, $i_1 = (20/\pi)cos(\pi t)\ A = 6{,}37cos(\pi t)\ A$, como base:

$$\overline{I_1} = \frac{6{,}37}{\sqrt{2}}\angle 0\ A$$

La admitancia del circuito: $\overline{Y_1} = \frac{1}{25} + j30 * 10^{-3} * \pi = (0{,}04 + j0{,}094)\ S$

$$\overline{Z_1} = \frac{1}{\overline{\overline{Y_1}}} = (3{,}82 - j8{,}99)\ \Omega = 9{,}77\angle{-67}\ \Omega$$

Por lo que el valor de la tensión para el primer armónico:

$$\overline{V_1} = \overline{I_1} * \overline{Z_1} = \frac{6{,}37}{\sqrt{2}}\angle 0 * 9{,}77\angle{-67} = \frac{62{,}18}{\sqrt{2}}\angle{-67}\ V$$

$$v_1 = 62{,}18cos(\pi t - 67)\ V$$

- Ahora, con el tercer armónico: $i_3 = (-20/3\pi)cos(3\pi t)\ A = -2{,}12cos(3\pi t)\ A$

$$\overline{I_3} = \frac{-2{,}12}{\sqrt{2}}\angle 0\ A$$

$$\overline{Y_3} = 0{,}04 + j30 * 10^{-3} * 3\pi = (0{,}04 + j0{,}2827)\ S$$

$$\overline{Z_3} = \frac{1}{\overline{\overline{Y_3}}} = (0{,}49 - j3{,}47)\ \Omega = 3{,}5\angle{-81{,}94}\ \Omega$$

Por lo tanto:

$$\overline{V_3} = \overline{I_3} * \overline{Z_3} = \frac{-2{,}12}{\sqrt{2}}\angle 0 * 3{,}50\angle{-81{,}94} = \frac{-7{,}42}{\sqrt{2}}\angle{-81{,}94}\ V$$

$$v_3 = -7{,}42cos(3\pi t - 81{,}94)\ V$$

- El quinto armónico: $i_5 = (20/5\pi)cos(5\pi t)\ A = 1{,}27cos(5\pi t)\ A$

$$\overline{I_5} = \frac{1{,}27}{\sqrt{2}}\angle 0\ A$$

$$\overline{Y_5} = 0{,}04 + j30 * 10^{-3} * 5\pi = (0{,}04 + j0{,}4712)\ S$$

$$\overline{Z_5} = \frac{1}{\overline{Y_5}} = (0{,}1789 - j2{,}11)\ \Omega = 2{,}11\angle{-85{,}15}\ \Omega$$

Por lo tanto:

$$\overline{V_5} = \overline{I_5} * \overline{Z_5} = \frac{1{,}27}{\sqrt{2}}\angle 0 * 2{,}11\angle{-85{,}15} = \frac{2{,}69}{\sqrt{2}}\angle{-85{,}15}\ V$$

$$v_5 = 2{,}69cos(5\pi t - 85{,}15)\ V$$

- Por lo tanto, finalmente:

$$v(t) \simeq v_1 + v_3 + v_5 = [62{,}18cos(\pi t - 67) - 7{,}42cos(3\pi t - 81{,}94) + 2{,}69cos(5\pi t - 85{,}15)]\ V$$

Ejemplo 4:

Encuentra la componente continua y el primer armónico de la siguiente onda.

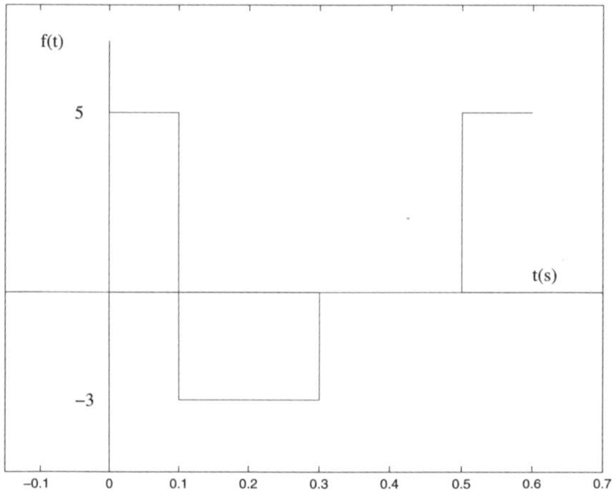

Resolución:

Se cumple que $T = 0{,}5\ s$ y $\omega_0 = 2\pi/0{,}5 = 4\pi rad/s$.
La expresión de la función dada:

$$f(t) = \begin{cases} 5 & 0 < t < 0{,}1\ s \\ -3 & 0{,}1\ s < t < 0{,}3\ s \\ 0 & 0{,}3\ s < t > 0{,}5\ s \end{cases}$$

Simetrías: no hay.

$$a_0 = \frac{1}{T}\int_0^T f(t)dt = \frac{1}{0{,}5}[5*0{,}1 - 3(0{,}3-0{,}1)] = -0{,}20$$

$$a_1 = \frac{2}{T}\int_0^T f(t)\ cos(\pi t)dt = \frac{2}{0{,}5}[\int_0^{0,1} 5\ cos(4\pi t)dt + \int_{0,1}^{0,3} -3\ cos(4\pi t)dt + 0] =$$

$$= 20\frac{1}{4\pi}[sin(4\pi t)]_0^{0,1} - 12\frac{1}{4\pi}[sin(4\pi t)]_{0,1}^{0,3} = 2{,}9831$$

$$b_1 = \frac{2}{T}\int_0^T f(t)\ sin(n\omega_0 t)\ dt = \frac{2}{0{,}5}[\int_0^{0,1} 5\ sin(4\pi t)dt + \int_{0,1}^{0,3} -3\ sin(4\pi t)dt] =$$

$$= 4[\frac{5}{4\pi}[-cos(4\pi t)]_0^{0,1} - \frac{3}{4\pi}[-cos(4\pi t)]_{0,1}^{0,3}] = 0{,}0321$$

Tal y como hemos visto en teoría:

$$M_1 = \sqrt{a_1^2 + b_1^2} = 2{,}98$$
$$\varphi_1 = arctag(\frac{-b_1}{a_1}) = arctag(\frac{-0{,}0321}{2{,}9931}) = -0{,}62$$

Por lo tanto, la componente fundamental es: 2,98 $cos(4\pi t - 0{,}62)$. Para acabar:

$$f(t) \simeq -0{,}2 + 2{,}98\ cos(4\pi t - 0{,}62)$$

Ejemplo 5

La siguiente onda semisinusoidal es la salida de un rectificador (en los rectificadores la onda sinusoidal de la entrada se convierte a la salida en una onda pulsante). Esta onda alimenta al circuito de al lado. Encuentra la intensidad.

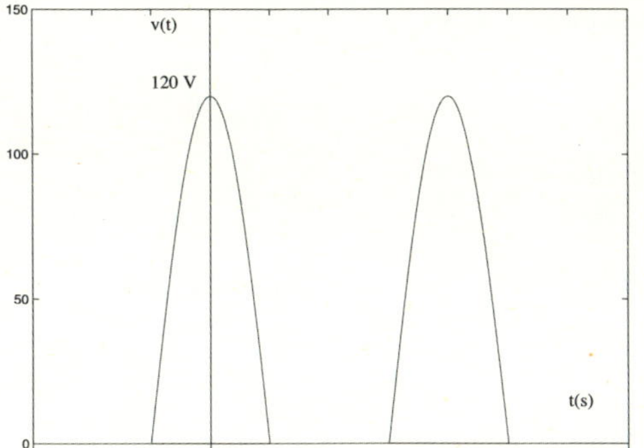

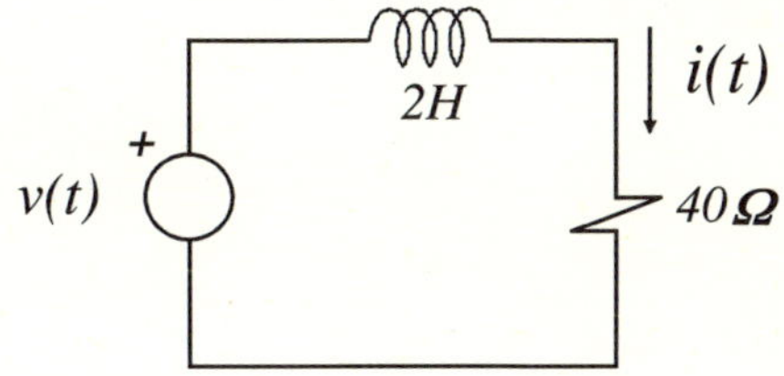

Resolución:

a) Para empezar, calcularemos la serie de Fourier que le corresponde a la onda semisinusoidal: $T = 0{,}4\ s$ y $\omega_0 = 2\pi/0{,}4 = 5\pi\ rad/s$.

Para tomar un periodo sencillo, iremos desde $-0{,}1\ s$ hasta $0{,}3\ s$.

$$v(t) = \begin{cases} 120cos(5\pi t)\ V & -0{,}1\ s < t < 0{,}1\ s \\ 0 & 0{,}1\ s < t < 0{,}3\ s \end{cases}$$

Simetría: par, por lo que $b_n = 0$

$$a_0 = \frac{1}{0{,}4}\int_{-0,1}^{0,3} v(t)dt = \frac{1}{0{,}4}\int_{-0,1}^{0,1} 120cos(5\pi t)dt = \frac{120}{\pi} = 38{,}20$$

$$a_n = \frac{2}{0{,}4}\int_{-0,1}^{0,1} 120\ cos(5\pi t)\ cos(5\pi nt)\ dt$$

Si $n = 1$:

$$a_1 = 5 * 120\int_{-0,1}^{0,1} cos^2(5\pi t)\ dt = \frac{120}{2} = 60$$

En el resto:

$$a_1 = 5{*}120\int_{-0,1}^{0,1} cos(5\pi t)\ cos(5\pi nt)\ dt = 5{*}120\int_{-0,1}^{0,1} \frac{1}{2}[cos(5\pi(1{+}n)t){+}cos(5\pi(1{-}n)t)]\ dt =$$

$$= \frac{2*120}{\pi}\frac{cos(\pi n/2)}{1-n^2}(n \neq 1)$$

$$v(t) = [38{,}20{+}60cos(5\pi t){+}25{,}46cos(10\pi t){-}5{,}09cos(20\pi t){+}2{,}18cos(30\pi t){+}\ldots]\ V$$

b) Ahora aplicaremos la serie de Fourier en el circuito:

- La componente continua:

$$I_0 = \frac{V_0}{40} = \frac{38{,}20}{40} = 0{,}95\ A = i_0$$

- La componente fundamental o primer armónico:

$$v_1 = 60\cos(5\pi t)\ V \to \overline{V_1} = \frac{60}{\sqrt{2}}\angle 0\ V$$

$$\overline{Z_1} = R + jL\omega_0 = 40 + j2 * 5\pi = 50{,}86\angle 38{,}15\ \Omega$$

$$\overline{I_1} = \frac{\frac{60}{\sqrt{2}}\angle 0}{50{,}86\angle 38{,}15} = \frac{1{,}18}{\sqrt{2}}\angle{-38{,}15}\ \ A$$

$$i_1 = 1{,}18\ cos(5\pi t - 38{,}15)\ A$$

- El segundo armónico:

$$v_2 = 25{,}46\cos(10\pi t)\ V \to \overline{V_2} = \frac{25{,}46}{\sqrt{2}}\angle 0\ V$$

$$\overline{Z_2} = R + jL2\omega_0 = 40 + j2 * 2 * 5\pi = 74{,}48\angle 57{,}52\ \Omega$$

$$\overline{I_2} = \frac{\frac{25{,}46}{\sqrt{2}}\angle 0}{74{,}48\angle 57{,}52} = \frac{0{,}34}{\sqrt{2}}\angle{-57{,}52}\ A$$

$$i_2 = 0{,}34\ cos(10\pi t - 57{,}52)\ A$$

- El tercer armónico es nulo.
- El cuarto armónico:

$$v_4 = -5{,}09\cos(20\pi t)\ V \rightarrow \overline{V_4} = \frac{-5{,}09}{\sqrt{2}}\angle 0\ V$$

$$\overline{Z_4} = 40 + j2 * 4 * 5\pi = 131{,}88\angle 72{,}34\ \Omega$$

$$\overline{I_4} = \frac{\frac{-5{,}09}{\sqrt{2}}\angle 0}{131{,}88\angle 72{,}34} = \frac{-0{,}04}{\sqrt{2}}\angle -72{,}34\ A$$

$$i_4 = -0{,}04\ cos(20\pi t - 72{,}34)\ A$$

$$i(t) \simeq [0{,}95 + 1{,}18cos(5\pi t - 38{,}15) + 0{,}34cos(10\pi t - 57052) - 0{,}04cos(20\pi t - 72{,}34)]\ A$$

Ejemplo 6:

Halla la intensidad, si utilizamos la siguiente onda de tensión en el circuito.

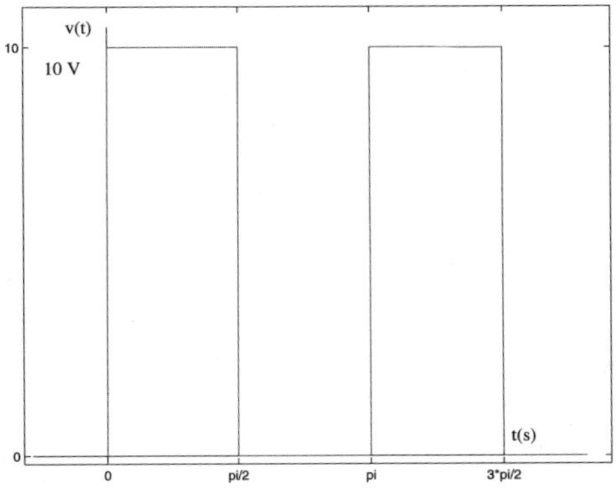

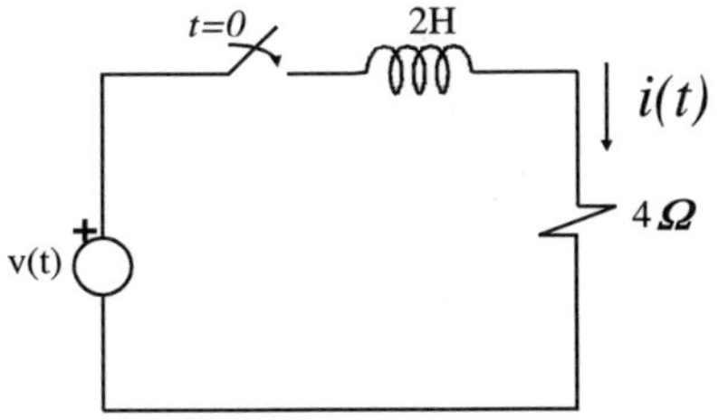

Resolución:

$T = \pi\ s$ y $\omega_0 = 2\pi/T = 2\ rad/s$.

$$v(t) = \begin{cases} 10\ V & 0 < t < \pi/2\ s \\ 0 & \pi/2\ s < t < \pi\ s \end{cases}$$

No hay simetría.

$$a_0 = \frac{1}{\pi}[10 * \frac{\pi}{2}] = 5$$

$$a_n = \frac{2}{T}\int_0^T v(t)\ cos(n\omega_0 t)\ dt = \frac{2}{\pi}[\int_0^{\pi/2} 10cos(2nt)\ dt + 0] = \frac{20}{\pi}\frac{1}{2n}[sin(2nt)]_0^{\pi/2} = 0$$

$$b_n = \frac{2}{T}\int_0^T v(t)\ sin(n\omega_0 t)\ dt = \frac{2}{\pi}[\int_0^{\pi/2} 10sin(2nt)\ dt + 0] = \frac{20}{\pi}\frac{1}{2n}[-cos(2n\frac{\pi}{2}) + cos0]$$

$$= \begin{cases} \frac{20}{n\pi} & n\ impar \\ 0 & n\ par \end{cases}$$

$$v(t) =[5 + \frac{20}{\pi} \sum_{1,nimpar}^{\infty} \frac{sin(2nt)}{n}] \; V$$

Como el circuito tiene un interruptor, y es del tipo RL, la corriente es $i(t) = i_n(t) + i_f(t)$.

- $i_f = i_{fdc} + i_{fac}$

$$i_f = \frac{5}{4} + i_{fac} = 1{,}25 + i_{fac}$$

$$i_{fac} : \overline{V_n} = \frac{20}{\sqrt{2}\pi n} \angle 0 \; V \; y \; \overline{Z_n} = (4 + j4n) \; \Omega$$

$$\overline{I_n} = \frac{\overline{V_n}}{\overline{Z_n}} = \frac{\frac{20}{\sqrt{2}\pi n}\angle 0}{4 + j4n} = \frac{5}{\sqrt{2}\pi n} \frac{1}{1 + jn} = \frac{5}{\sqrt{2}\pi n} \frac{1\angle 0}{\sqrt{1+n^2}\angle arctagn} =$$

$$= \frac{5}{\sqrt{2}\pi n \sqrt{1+n^2}} \angle{-arctagn} \; A$$

$$i_{fac} = \sum_{1,nimpar}^{\infty} \frac{5}{\pi n \sqrt{1+n^2}} sin(2nt - arctagn) \; A$$

- i_n :

$$i_n = Ae^{-t/\tau}$$

$$\tau = \frac{L}{R} = \frac{2}{4} = \frac{1}{2} \; s$$

$$i_n = Ae^{-2t}$$

- $i(t) = i_n(t) + i_f(t)$

$$i(t) = [Ae^{-2t} + 1{,}25 + \sum_{1,nimpar}^{\infty} \frac{5}{\pi n \sqrt{1+n^2}} sin(2nt - arctagn)] \; A$$

Para obtener una solución aproximada, cogeremos los tres primeros armónicos:

$$i(t) = [Ae^{-2t} + 1{,}25 + \frac{5}{\pi\sqrt{2}} sin(2t - arctag1) + \frac{5}{\pi 3\sqrt{10}} sin(6t - arctag3) +$$

$$+ \frac{5}{\pi 5 \sqrt{26}} sin(10t - arctag5)] \; A$$

$$i(t) = [Ae^{-2t} + 1{,}25 + 1{,}125 sin(2t - 0{,}7854) + 0{,}1678 sin(6t - 1{,}249) +$$

$$+ 0{,}0624 sin(10t - 1{,}373)] \; A$$

Cuidado: Los ángulos están expresados en radianes.

- Ahora tenemos que calcular el coeficiente A:

  En el instante $t = 0$:

$$0 = A + 1{,}25 - 0{,}7955 - 0{,}1592 - 0{,}0612 \rightarrow A = -0{,}2341$$

$$i(t) \simeq [-0{,}2341 e^{-2t} + 1{,}25 + 1{,}125 sin(2t - 0{,}7854) + 0{,}1678 sin(6t - 1{,}249) +$$

$$+ 0{,}0624 sin(10t - 1{,}373)] \; A$$

Capítulo 5

Diagramas de Bode

5.1. Introducción

Tal y como hemos visto, la función de transferencia se utiliza en el dominio de Laplace y consiste en el cociente entre dos polinomios:

$$H(s) = \frac{P(s)}{Q(s)} \tag{5.1}$$

Los valores de s que hacen cero el polinomio P(s) son los ceros de la función de transferencia y los que hacen cero Q(s) son sus polos.

Utilizando la función de transferencia podemos encontrar la respuesta de un circuito en régimen permanente sinusoidal. Para ello, basta con sustituir s por $j\omega$. Veamos por qué:

Aplicamos una entrada sinusoidal $u(t) = Asin(\omega t)$ al circuito cuya función de transferencia es $H(s) = \frac{P(s)}{Q(s)}$. Haciendo los cálculos para aplicar la transformada de Laplace a la onda de la entrada:

$$U(s) = A\ \frac{\omega}{s^2 + \omega^2}$$

Por lo tanto, la salida del circuito será $Y(s) = H(s) * U(s)$:

$$Y(s) = H(s) * U(s) = \frac{P(s)}{Q(s)} * A\frac{\omega}{s^2 + \omega^2} = A[\frac{K(s)}{Q(s)} + \frac{\alpha\ s + \beta}{s^2 + \omega^2}] = A[Y_1(s) + Y_2(s)]$$

Ahora pasaremos la respuesta al dominio del tiempo: $y(t) = A[y_1(t) + y_2(t)]$

Para calcular el valor correspondiente al estado estacionario:

$$\lim_{t\to\infty} y(t) = A[\lim_{t\to\infty} y_1(t) + \lim_{t\to\infty} y_2(t)] \tag{5.2}$$

Cuando el sistema es estacionario la parte real de las raíces del polinomio $Q(s)$ es negativa y, por lo tanto, la respuesta del circuito es exponencial decreciente, cumpliéndose que $y_1(t) = 0$ cuando $t = \infty$.

Por lo tanto:

$$\lim_{t\to\infty} y(t) = A \lim_{t\to\infty} y_2(t) = A\ \mathcal{L}^{-1}\{\frac{\alpha\ s + \beta}{s^2 + \omega^2}\} \tag{5.3}$$

Ahora calcularemos α y β, utilizando para ello fracciones simples:

$$Y(s) = \frac{P(s)}{Q(s)} * A\frac{\omega}{s^2+\omega^2} = A[\frac{K(s)}{Q(s)} + \frac{\alpha\ s+\beta}{s^2+\omega^2}] \tag{5.4}$$

$$P(s) * \omega = K(s) * [s^2+\omega^2] + (\alpha\ s+\beta) * Q(s)$$

Sustituyendo en la ecuación $s = +j\omega$:

$$\overline{P}(j\omega) * \omega = 0\ + (\alpha\ j\omega + \beta) * \overline{Q}(j\omega)$$

$$(\alpha\ j\omega + \beta) = \frac{\overline{P}(j\omega)}{\overline{Q}(j\omega)} * \omega = \overline{H}(j\omega) * \omega$$

Igualaremos la parte real y la parte imaginaria:

$$\begin{aligned} \beta &= Re[\overline{H}(j\omega)] * \omega \\ \alpha &= Im[\overline{H}(j\omega)] \end{aligned} \tag{5.5}$$

Una vez halladas las constantes, continuaremos con el cálculo de la respuesta del estado estacionario de $y(t)$:

$$\lim_{t\to\infty} y(t) = A\ \mathcal{L}^{-1}\{\frac{\alpha\ s+\beta}{s^2+\omega^2}\} = A[\alpha\ cos(\omega t) + \frac{\beta}{\omega}\ sin(\omega t)]$$

$$= A[Im[\overline{H}(j\omega)]\ cos(\omega t) + Re[\overline{H}(j\omega)]\ sin(\omega t)]$$

Escribiremos esta ecuación en función del módulo y del argumento:

$$\begin{aligned} M &= |\overline{H}(j\omega)| \\ \phi &= \angle\overline{H}(j\omega) \end{aligned} \tag{5.6}$$

$$y(t) = A{*}M[\frac{Im[\overline{H}(j\omega)]}{M}\ cos(\omega t) + \frac{Re[\overline{H}(j\omega)]}{M}\ sin(\omega t)] = M[sin\phi\ cos(\omega t) + cos\phi\ sin(\omega t)] =$$

$$= A * |\overline{H}(j\omega)|\ sin(\omega t + \phi) \tag{5.7}$$

Es decir, conociendo la función de transferencia $\overline{H}(j\omega)$, podemos calcular la respuesta del circuito ya que el módulo y el argumento de la función de tranferencia del circuito condicionan el módulo y el argumento de la función de salida.

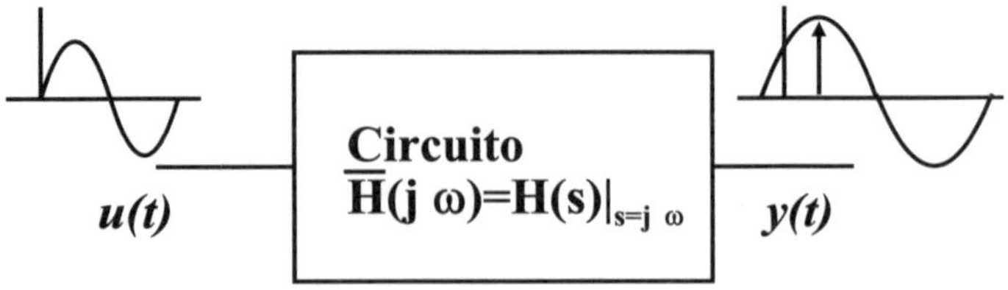

Ejemplo 1:

La fuente del circuito proporciona $v = 120cos(5000t + 30)\ V$. Encuentra v_o en régimen permanente.

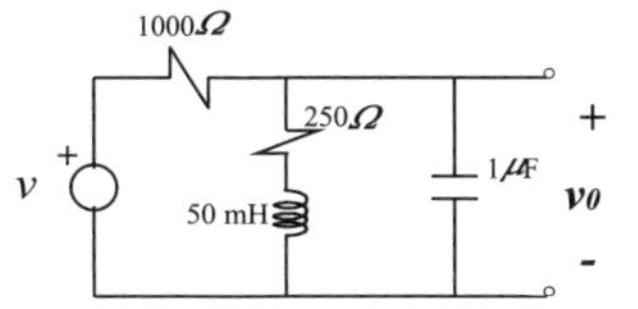

Resolución:

La función de transferencia de este circuito es:

$$H(s) = \frac{1000(s + 5000)}{s^2 + 6000\ s + 25 * 10^6} = \frac{V_o(s)}{V_i(s)}$$

La frecuencia de la fuente es 5000 rad/s. Por lo tanto:

$$\overline{H}(j5000) = \frac{1000(5000 + j5000)}{-25 * 10^6 + j5000 * 6000 + 25 * 10^6} = \frac{1 + j}{j6} = \frac{1 - j}{6} = \frac{\sqrt{2}}{6}\angle{-45}$$

$$v_o(t) = \frac{\sqrt{2}}{6} * 120 * cos(5000t + 30 - 45) = 20\sqrt{2}cos(5000t - 15)\ V$$

Así, podemos analizar cómo varía la respuesta de un circuito excitado sinusoidalmente al modificarse la frecuencia; éste es, precisamente, el objetivo del análisis de Bode. Pero si la excitación es sinusoidal, habrá que analizar el módulo y el argumento, o ángulo, de la respuesta. Para ello, dibujaremos dos diagramas de Bode.

Para dibujar los diagramas de Bode debemos introducir una nueva unidad, denominada Bel, de la cual proviene el deciBelio.

5.2. DeciBelio

Esta unidad fue planteada por ingenieros que trabajaban en el campo de la telefonía. A estos ingenieros les preocupaba las pérdidas de potencia que se producen en circuitos colocados uno al lado del otro cuando se transmiten señales telefónicas.

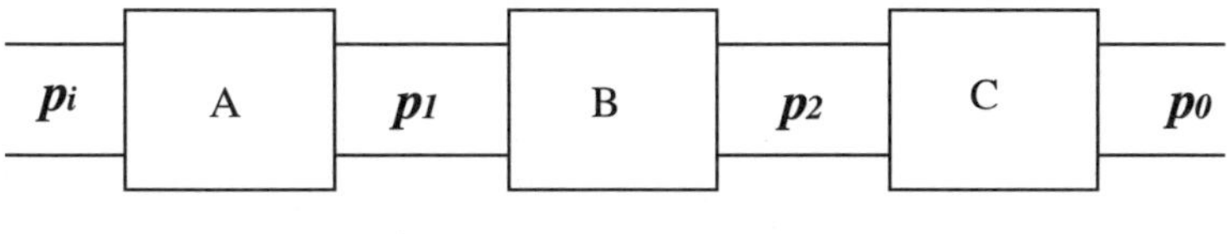

En la figura, p_i es la potencia de entrada en el circuito A, p_1 es la potencia de salida del circuito A y de entrada en B, p_2 es la la potencia de salida de B y de entrada en C, y p_o la potencia de salida de C.

En un circuito se define la ganancia de potencia como el cociente entre la potencia de salida y la potencia de entrada. Por lo tanto, para cada circuito:

$$G_A = \frac{p_1}{p_i} \quad , \ G_B = \frac{p_2}{p_1} \ \ y \ \ G_C = \frac{p_o}{p_2}$$

Por lo que la ganancia del sistema total será p_o/p_i:

$$G_{total} = \frac{p_o}{p_i} = G_A * G_B * G_C$$

Por comodidad, utilizando logaritmos:

$$log\frac{p_o}{p_i} = log\ G_A + log\ G_B + log\ G_C$$

La relación logarítmica entre las potencias fue denominada, como homenaje a Alexander Graham Bell, Bel. Como se observa, la ganancia total de potencia será la suma de la ganancia de potencia de cada uno de los circuitos de transmisión.

Realmente, la unidad Bel es muy grande y, en general, se utiliza el deciBelio para expresar la ganancia de potencia. El deciBelio es diez veces más pequeño que el Bel y, abreviadamente, se escribe dB.

$$dB = 10log(\frac{p_o}{p_i}) \tag{5.8}$$

En muchas ocasiones, tal y como aparece en la figura, ocurre que, al calcular la ganancia de potencia del circuito, la resistencia de entrada del circuito y la resistencia de carga del circuito son iguales.

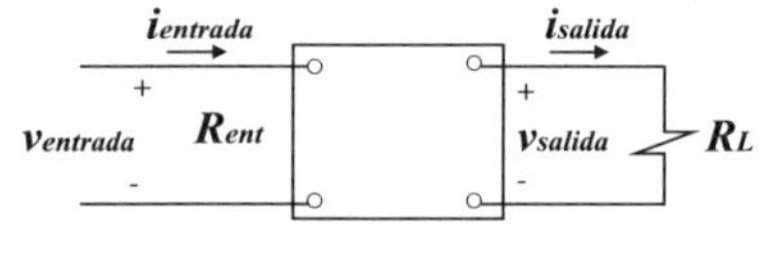

Entonces, para calcular la ganancia de potencia podemos utilizar tensiones y corrientes:

$$\frac{p_o}{p_i} = \frac{v^2_{salida}/R_L}{v^2_{entrada}/R_{entrada}}$$

pero como $R_{entrada} = R_L$:

$$\frac{p_o}{p_i} = \frac{v^2_{salida}}{v^2_{entrada}} = (\frac{v_{salida}}{v_{entrada}})^2 \tag{5.9}$$

y utilizando las tensiones en lugar de las corrientes:

$$\frac{p_o}{p_i} = \frac{i^2_{salida} * R_L}{i^2_{entrada} * R_L} = [\frac{i_{salida}}{i_{entrada}}]^2 \tag{5.10}$$

expresándolo en deciBelios:

$$dB = 10log\frac{p_o}{p_i} = 10log[\frac{v_{salida}}{v_{entrada}}]^2 = 20log\frac{v_{salida}}{v_{entrada}}$$

o

$$dB = 20log\frac{i_{salida}}{i_{entrada}} \tag{5.11}$$

En los diagramas de Bode deberemos utilizar deciBelios.

Por otra parte, si se toma como referencia una potencia conocida, los deciBelios pueden utilizarse como unidad de potencia. A menudo se toma 1 mW como referencia de potencia y utilizamos como unidad de potencia el dBm; así, por ejemplo a una potencia de 20 mW le corresponden 13 dBm.

5.3. Diagramas

Tal y como hemos dicho, el objetivo que perseguimos consiste en lo siguiente: analizar cómo cambia la ganancia de potencia de un determinado circuito al variar la frecuencia de la excitación una vez que es conocida la función de transferencia de dicho circuito, bien como ganancia de tensión o bien como ganancia de corriente.

El diagrama de Bode consta de dos gráficos: el primero muestra cómo cambia la amplitud con la frecuencia, y el otro cómo lo hace el ángulo. Estos dos gráficos se presentan en papel semilogarítmico.

- En el gráfico del módulo, se representa la frecuencia en el eje de abcisas en escala logarítmica, y en el eje de ordenadas el módulo en deciBelios, es decir, $H_{dB} = 20log|\overline{H}(j\omega)|$.

- En el gráfico del argumento, se representa la frecuencia en el eje de abcisas en escala logarítmica, y en el eje de ordenadas el ángulo en grados.

Para analizar las funciones de transferencia, estudiaremos la influencia que tienen sus polos y sus ceros. Comenzaremos por los casos más sencillos, para posteriormente, enlazar esas funciones entre sí.

5.3.1. Una constante

Cuando la función de transferencia del circuito es una constante: $H(s) = K$
Si se toma $s = j\omega$, $\overline{H}(j\omega) = K = K\angle 0$. Por lo tanto,

Módulo: $H_{dB} = 20\ logK$

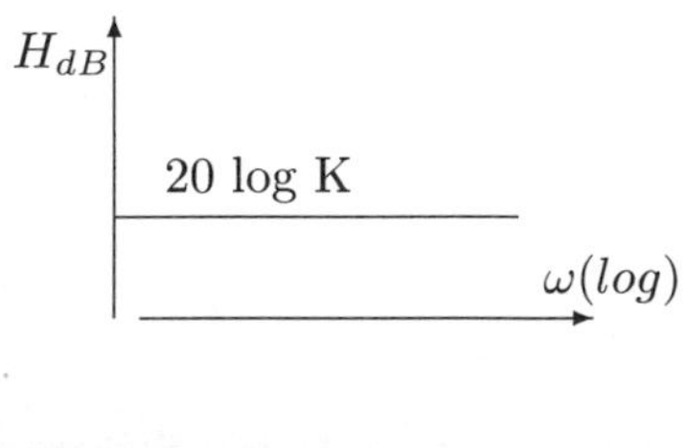

Argumento: $Arg = 0$

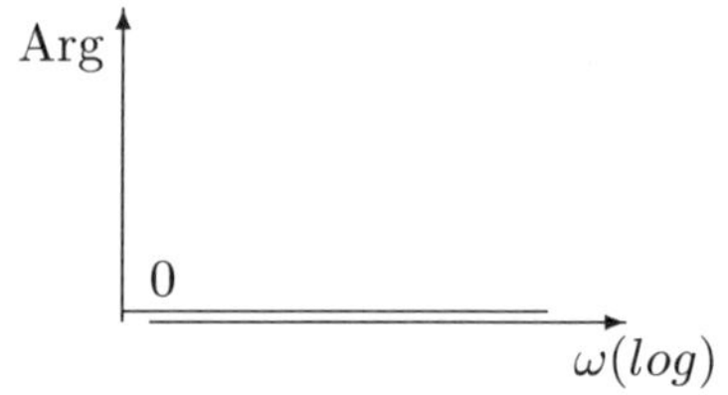

5.3.2. Un factor s en el numerador

Cuando la función de transferencia del circuito tiene un factor s en el numerador: $H(s) = s$

Si se toma $s = j\omega$, $\overline{H}(j\omega) = j\omega = \omega\angle 90$. Por lo tanto,

Módulo: $H_{dB} = 20log\omega$.

Como la escala del eje de ordenadas es logarítmica, la gráfica del módulo resulta ser una línea recta de pendiente 20 dB. Cuando $\omega = 1$, se cumple que $H_{dB} = 0$.

Argumento: $Arg = 90$.

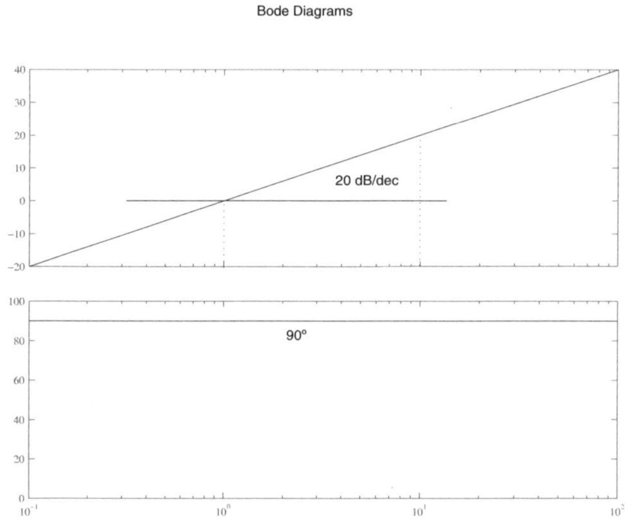

Figura 5.1: Diagrama de Bode del circuito $H(s) = s$

5.3.3. Un factor s en el denominador

Cuando la función de transferencia del circuito tiene un factor s en el denominador: $H(s) = 1/s$

Si se toma $s = j\omega$, $\overline{H}(j\omega) = \frac{1}{j\omega} = \frac{1}{\omega}\angle -90$. Por lo tanto,

Módulo: $H_{dB} = 20log\frac{1}{\omega} = 20log1 - 20log\omega = 0 - 20log\omega = -20log\omega$ El gráfico del módulo es una recta de pendiente -20 dB. Como cuando $\omega = 1$ se cumple que $H_{dB} = 0$, la recta pasará por ese punto.

Argumento: Tal y como se ha calculado, $Arg = -90$.

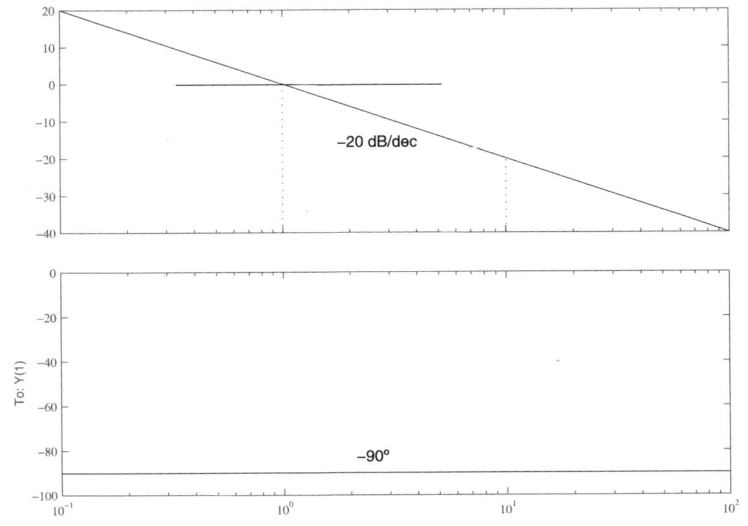

Figura 5.2: Diagrama de Bode del circuito $H(s) = 1/s$

5.3.4. Cero simple

Si la función de transferencia del circuito es:

$$H(s) = \frac{s+a}{a} = 1 + \frac{s}{a}$$

Haciendo $s = j\omega$, obtendremos la siguiente función de transferencia:

$$\overline{H}(j\omega) = 1 + j\frac{\omega}{a}$$

Estudiaremos el módulo de la función de transferencia, pero en vez de analizarlo exactamente, examinaremos las asíntotas y las tendencias de la función:

Módulo:

$$|\overline{H}(j\omega)| = \sqrt{1 + \frac{\omega^2}{a^2}}$$

si lo escribimos en deciBelios:

$$H_{dB} = 20log\sqrt{1 + \frac{\omega^2}{a^2}}$$

- $\omega << a$: Cuando el valor de la frecuencia de la onda de excitación es mucho más pequeña que el valor del cero: $H_{dB} \simeq 20log1 = 0$

- $\omega >> a$: Cuando el valor de la frecuencia de la onda de excitación es muy grande: $H_{dB} \simeq 20log\frac{\omega}{a}$. Se trata de una recta de pendiente 20 dB que se anula cuando $\omega = a$.

Si llevamos lo anterior al gráfico de Bode, poniendo en el eje de ordenadas deciBelios y en el de las abcisas $log(\omega)$, obtendremos las asíntotas de la figura 5.3.a).

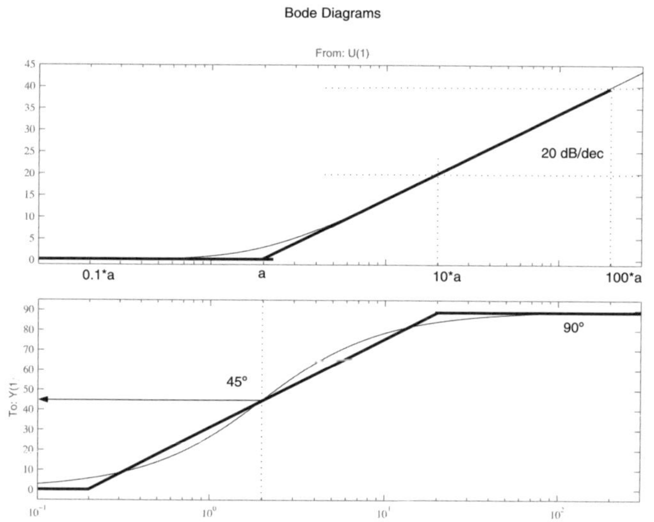

Figura 5.3: Diagrama de Bode de un circuito cuya F.T. tiene un cero simple

Lo que hemos hecho es una aproximación, en la que el mayor error corresponde al punto $\omega = a$. Véamoslo:

$$H_{dB}|_{s=j\ a} = 20log\sqrt{1+\frac{a^2}{a^2}} = 20log\sqrt{2} = 3dB$$

Argumento:

$$\angle\overline{H}(j\omega) = \angle(1+j\frac{\omega}{a}) = \arctan\frac{\omega}{a}$$

- $\omega << a$: Cuando el valor de la frecuencia de la onda de excitación es mucho más pequeña que el valor del cero: $Arg(\overline{H}(j\omega)) \simeq 0$, es decir, es una asíntota que pasa por cero.

  Tomaremos $\omega = 0{,}1 * a$; en este punto el error será:

  $$\arctan(\frac{0{,}1a}{a}) = 5{,}7$$

  siendo el mayor de todos.

- $\omega >> a$: Cuando el valor de la frecuencia de la onda de excitación es muy grande: $Arg(\overline{H}(j\omega)) \simeq 90$. Es una asíntota que pasa por 90. Por ejemplo, si tomamos $\omega = 10 * a$, en este punto el error será:

  $$\arctan(\frac{10a}{a}) = 5{,}7$$

- Cuando $\omega = a$, $Arg(\overline{H}(j\omega)) \simeq 45$. Por ese punto se traza otra asíntota.

Si llevamos lo anterior al gráfico de Bode, poniendo en el eje de ordenadas grados y en el de las abcisas $log(\omega)$, obtendremos las asíntotas de la figura 5.3.b). Lo que hemos hecho es una aproximación, en la que los mayores errores corresponden a $\omega = 0,1a$ y $\omega = 10a$ y valen 5.7 grados. El punto a se denomina frecuencia de esquina o frecuencia de rompimiento.

En general, podemos afirmar que cada cero simple introduce en el módulo una pendiente de $+20dB/dec$ y, en el argumento, un desfase de $+90$.

5.3.5. Polo simple

Si la función de transferencia de un circuito es:

$$H(s) = \frac{a}{s+a} = \frac{1}{1+s/a}$$

Haciendo $s = j\omega$, obtendremos la siguiente función de transferencia:

$$\overline{H}(j\omega) = \frac{1}{1+j\omega/a}$$

Como esta función de transferencia es la inversa de aquella que tiene un cero simple, los diagramas de Bode de ésta son como los de aquélla pero negativos.

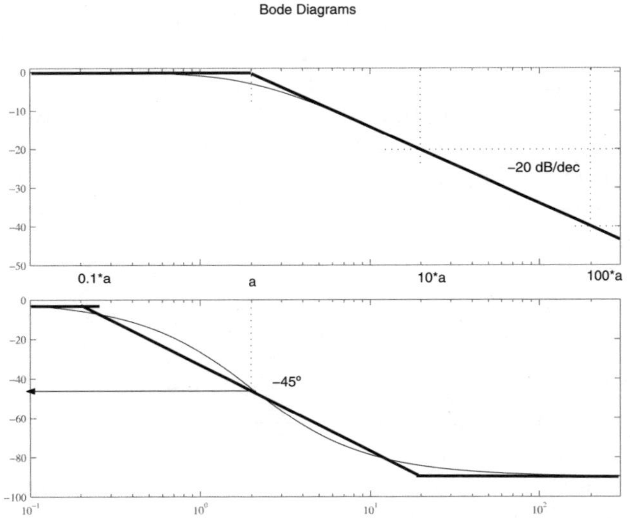

Figura 5.4: Diagrama de Bode de un circuito cuya F.T. tiene un polo simple

En general, podemos afirmar que cada polo simple introduce en el módulo una pendiente de $-20dB/dec$ y, en el argumento, en cambio, un desfase de -90.

Ejemplo 2

Encuentra los diagramas de Bode de la ganancia de tensión en el siguiente circuito.

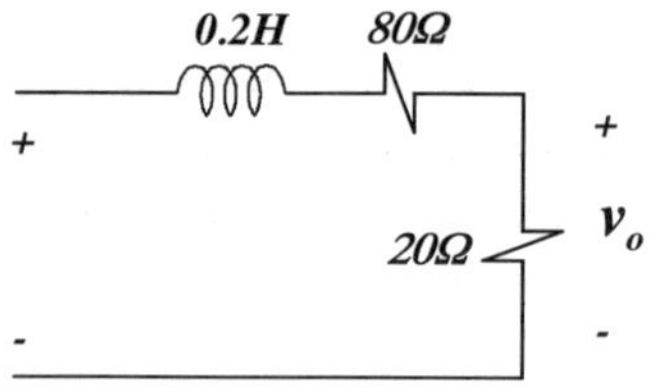

Resolución:

En primer lugar, representaremos el circuito en el dominio de Laplace:

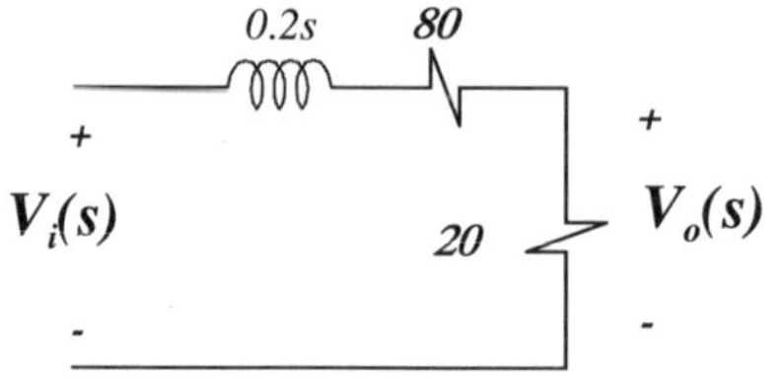

$$H(s) = \frac{V_o}{V_i} = \frac{20}{100 + 0{,}2s}$$

Transformaremos la función de transferencia para que tenga el aspecto visto en los apartados anteriores:

$$H(s) = \frac{20}{100(1 + s/500)} = \frac{1}{5}\frac{1}{1 + s/500}$$

Por lo tanto, tenemos dos factores: la constante 1/5 y un polo simple.

Esos dos factores están multiplicando, pero, aplicando las propiedades de los logaritmos, al escribir el módulo en deciBelios, ese producto se convertirá en una suma. Para calcular los argumentos, aplicando las propiedades del producto de números complejos, deben sumarse dichos desfases. Así, calcularemos cada uno de los diagramas por separado para, posteriormente, sumarlos.

a) Diagrama de la función H(s)=1/5:

$$H_{db} = 20log(1/5) = -14\ dB$$
$$Arg = 0$$

b) Diagrama de la función $H(s) = \frac{1}{1+s/500}$:

Esta función tiene un polo: $\omega = 500$.

El módulo tiene dos asíntotas: una horizontal y otra de $-20\ dB/dec$, que coinciden en el punto $\omega = 500$.

El argumento tiene tres asíntotas: a 0 grados y a -90 grados horizontal, y la tercera pasa por -45 en el punto $\omega = 500$.

c) La suma de las dos funciones:

La forma del diagrama del módulo será parecida a la correspondiente al caso de un polo simple, pero desplazada -14 dB hacia abajo.

El argumento, en cambio, será $\phi = \phi_a + \phi_b = 0 + \phi_b = \phi_b$.

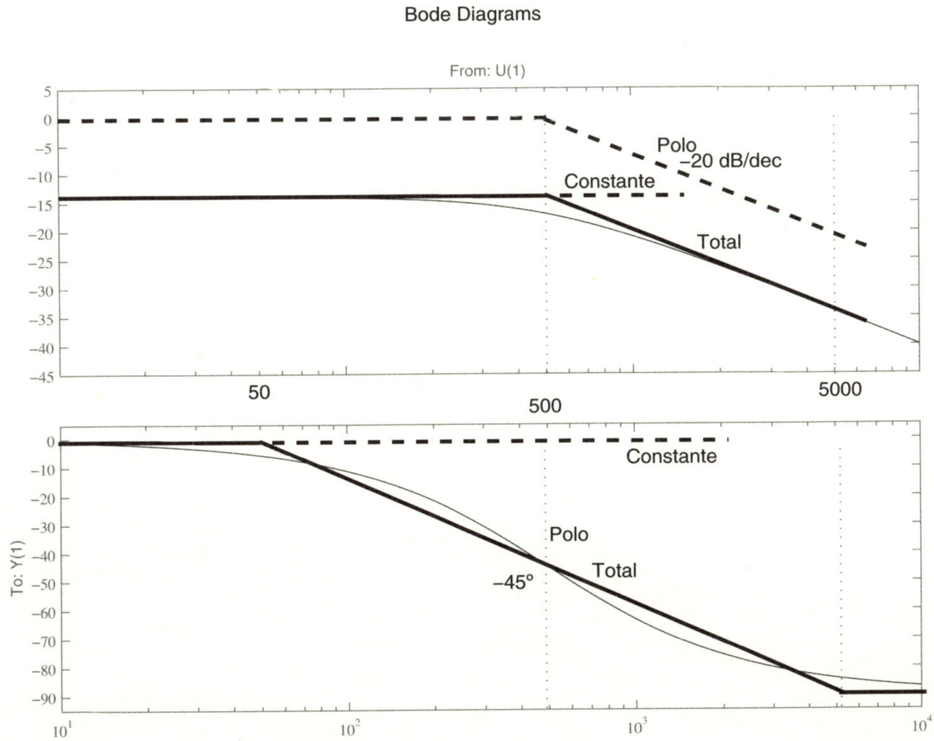

Ejemplo 3:

En el circuito de la figura, encuentra el diagrama de Bode de la función admitancia:

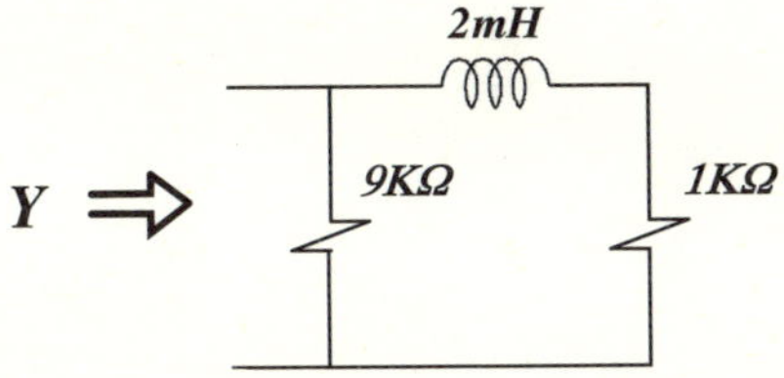

Resolución:

En primer lugar, representaremos el circuito en el dominio de Laplace:

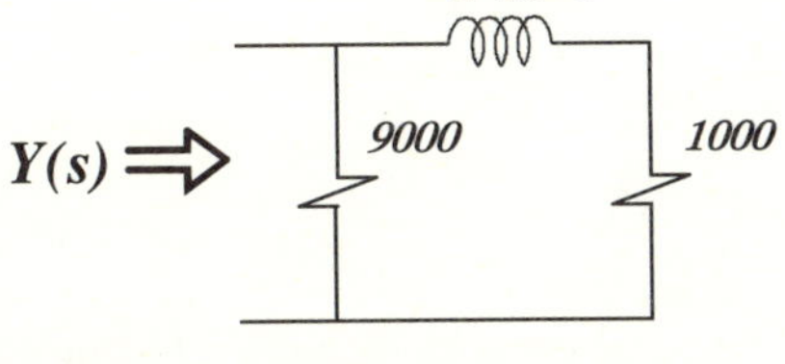

$$Z(s) = \frac{9000(2 * 10^{-3}s + 1000)}{2 * 10^{-3}s + 10000}$$

$$Y(s) = \frac{2 * 10^{-3}s + 10000}{9 * 10^{6} + 18s}$$

Debemos escribir la función admitancia de una manera apropiada:

$$Y(s) = \frac{10^4(1+\frac{s}{10^4/2*10^{-3}})}{9*10^6(1+\frac{s}{9*10^6/18})} = \frac{1+\frac{s}{5*10^6}}{900(1+\frac{s}{5*10^5})}$$

Por lo tanto, tenemos tres factores: una constante, un polo (que tiene la frecuencia esquina $5*10^5$) y un cero (que tiene la frecuencia esquina $5*10^6$). Para dibujar el diagrama total, analizaremos cada uno por separado y luego los sumaremos.

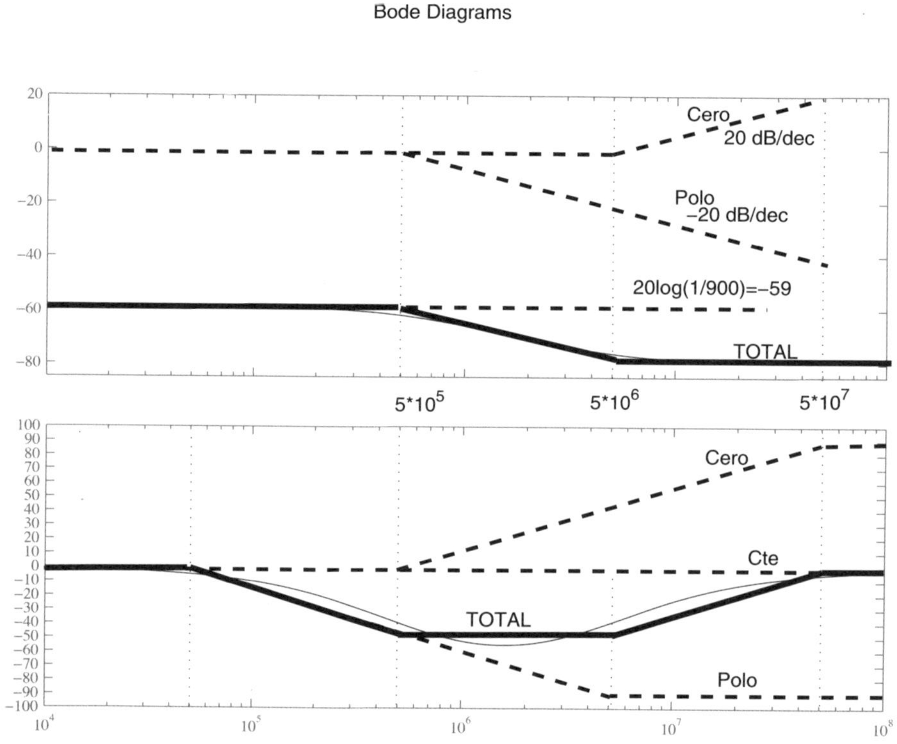

Ejemplo 4:

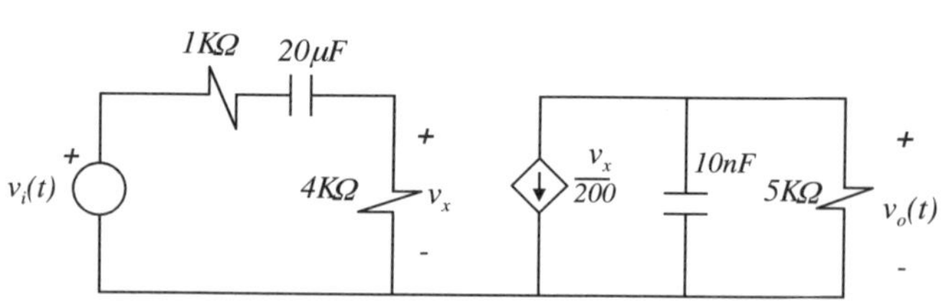

Resolución:

En primer lugar, representaremos el circuito en el dominio de Laplace:

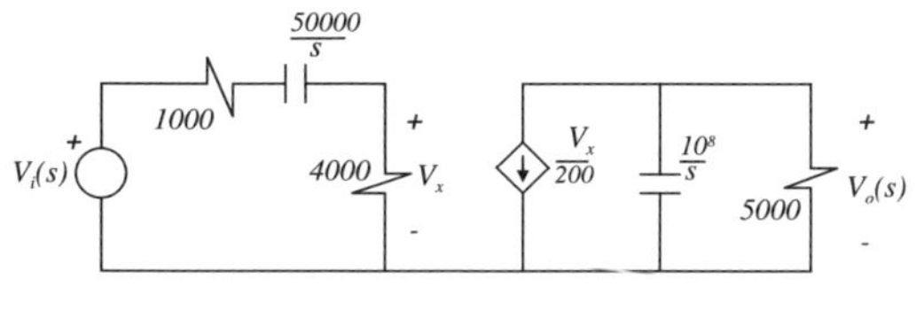

$$V_x = V_i \frac{4000}{5000 + 50000/s} = V_i \frac{4s}{5s+50}$$

$$V_o = -\frac{V_x}{200} \frac{5000 * 10^8/s}{10^8/s + 5000} = -V_x \frac{25 * 10^5}{5s + 10^5} = -V_i \frac{4s}{5s+50} \frac{25 * 10^5}{5s + 10^5}$$

$$H(s) = \frac{V_0}{V_i} = -\frac{4s * 25 * 10^5}{50(1 + \frac{s}{10})10^5(1 + \frac{5s}{10^5})} = -\frac{2s}{(1 + \frac{s}{10})(1 + \frac{s}{20000})}$$

Esta función de transferencia consta de 3 partes: el factor s en el denominador, y dos polos distintos. Para dibujar el diagrama total, analizaremos cada uno por separado y luego los sumaremos.

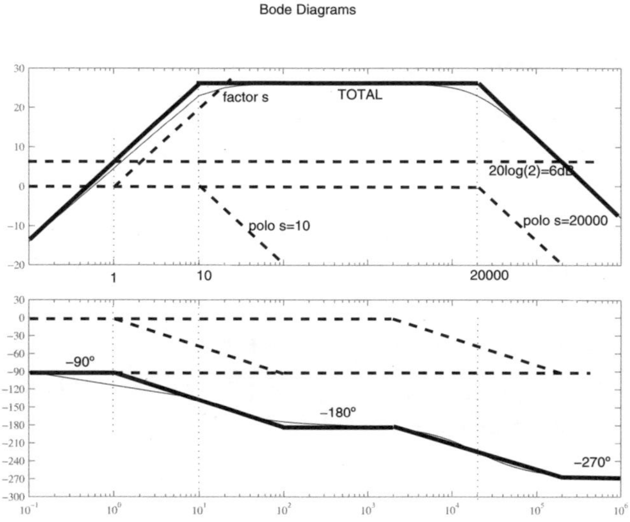

5.3.6. Ceros o polos múltiples

Los factores que hemos visto hasta ahora han sido: una constante K, $s^{\pm 1}$ y $(1 + s/a)^{\pm 1}$.

Veamos ahora otros más:

Factor s múltiple: $H(s) = s^{\pm n}$

En esta función sustituiremos $s = j\omega$:

$$\overline{H}(j\omega) = (j\omega)^{\pm n}$$

Módulo:

$$|\overline{H}(j\omega)| = \sqrt{(\omega)^{\pm 2n}}$$

si escribimos esto en deciBelios:

$$H_{dB} = 20log\sqrt{(\omega)^{\pm 2n}} = \pm 20log(\omega)^n = \pm 20\ nlog\omega$$

Es una ecuación parecida a la del apartado 5.3.2., tratándose de una recta que se anula cuando $\omega = 1$ y que tiene una pendiente $\pm 20n\ dB/dec$

Argumento: Asimismo, el argumento es $\pm n90$.

Ceros o polos múltiples $H(s) = (1 + s/a)^{\pm n}$

En realidad esta función es el producto de n funciones $(1+s/a)^{\pm 1}$, por lo que al elaborar sus diagramas de Bode hay que sumar los n gráficos individuales. Así, tendrá la forma de los apartados 5.3.4. o 5.3.5.:

Módulo:

- $\omega << a$: la asíntota es $H_{dB} = 0\ dB$.
- $\omega >> a$: la asíntota tiene una pendiente $\pm 20n\ dB/dec$.

Los errores, cuando $\omega = a$, son $\pm 3n\ dB$.

Argumento:

- $\omega < 0{,}1a$: la asíntota es $Arg = 0$.
- $\omega > 10a$: la asíntota es $Arg = \pm n90$.
- $\omega = a$: $Arg = \pm n45$.

En este caso los errores pueden ser grandes tanto en el caso del módulo como en el caso del argumento. Por lo tanto, no se trata más que de una primera aproximación al diagrama de Bode.

5.3.7. Ecuación de segundo orden

Si la función de tranferencia es $H(s) = 1 + 2\xi\frac{s}{\omega_0} + (\frac{s}{\omega_0})^2$, podemos encontrarnos con tres casos diferentes, dos de los cuales ya son conocidos:

1. Cuando $\xi = 1$, entonces $H(s) = (1 + \frac{s}{\omega_0})^2$, caso que hemos analizado en el apartado anterior.

2. Cuando $\xi > 1$, entonces la función $H(s)$ tendrá dos ceros (o polos) simples.

   Por ejemplo, si $\xi = 1{,}25$:

   $$H(s) = 1 + 2{,}5\xi\frac{s}{\omega_0} + (\frac{s}{\omega_0})^2 = \frac{1}{\omega_0^2}(s^2 + 2{,}5\omega_0 s + \omega_0^2)$$

   Las raíces:

   $$s = \frac{-2{,}5\omega_0 \pm \sqrt{2{,}5^2\omega_0^2 - 4\omega_0^2}}{2} = \begin{cases} -2\omega_0 \\ -0{,}5\omega_0 \end{cases}$$

   $$H(s) = \frac{1}{\omega_0^2}(s + 2\omega_0)(s + 0{,}5\omega_0) = \frac{1}{\omega_0^2}2\omega_0 * 0{,}5\omega_0 * (1 + \frac{s}{2\omega_0}) * (1 + \frac{s}{0{,}5\omega_0})$$

   resolviéndose dibujando lo diagramas de Bode de cada fracción y sumando los diagramas.

3. Cuando $\xi < 1$,

$$H(s) = 1 + 2\xi\frac{s}{\omega_0} + (\frac{s}{\omega_0})^2$$

Módulo:

$$H_{dB} = 20log|\overline{H}(j\omega)| = 20log[1 + j2\xi\frac{\omega}{\omega_0} - (\frac{\omega}{\omega_0})^2]$$

- $\omega << \omega_0$: la asíntota es $H_{dB} \simeq 20log(1) = 0\ dB$.
- $\omega >> \omega_0$: la asíntota tiene de pendiente $40\ dB/dec$.

Las dos asíntotas coinciden en el punto $\omega = \omega_0$, y la pendiente de la segunda asíntota es 40 dB/dec.

Argumento:

$$\overline{H}(j\omega) = 1 + j2\xi\frac{\omega}{\omega_0} - (\frac{\omega}{\omega_0})^2$$

Por lo tanto, el argumento:

$$Arg(\overline{H}(j\omega)) = \arctan(\frac{2\xi\frac{\omega}{\omega_0}}{1 - (\frac{\omega}{\omega_0})^2})$$

- $\omega << 0{,}1 * \omega_0$: $\overline{H}(j\omega) \simeq 1$, $Arg(\overline{H}(j\omega)) \simeq 0$.
- $\omega >> 10 * \omega_0$: $\overline{H}(j\omega) \simeq -(\frac{\omega}{\omega_0})^2$, $Arg(\overline{H}(j\omega)) \simeq 180$
- $\omega = \omega_0$: $\overline{H}(j\omega) \simeq j2\xi$, $Arg(\overline{H}(j\omega)) \simeq 90$

Nota: en estos casos hay que tener mucho cuidado, ya que los errores pueden ser muy grandes en función del valor de ξ.

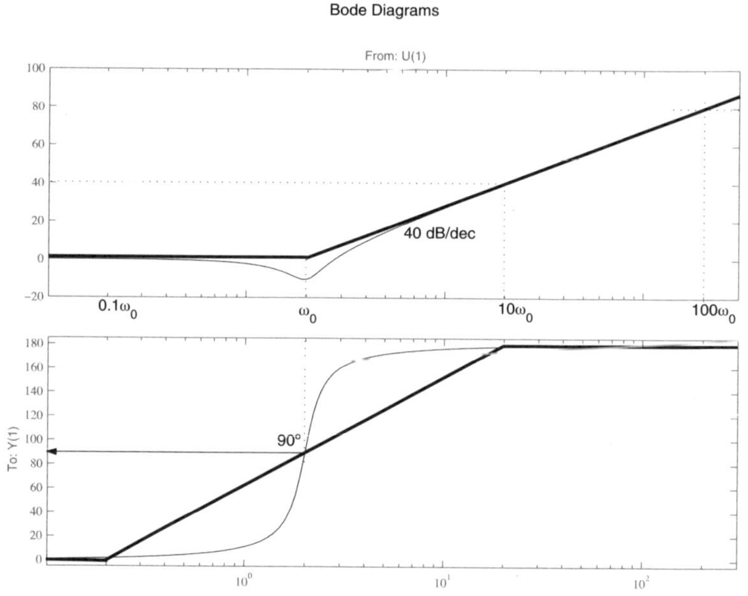

Figura 5.5: Diagrama de Bode de un circuito cuya F.T. es de segundo orden

---

Ejemplo 5:

Dada la siguiente función de transferencia, dibuja los diagramas de Bode:

$$H(s) = \frac{100000s}{(s+1)(s^2+20s+10000)}$$

Resolución:

La función tiene tres fracciones: factor s en el numerador, un polo de frecuencia $\omega = 1$, y la que corresponde a la ecuación de segundo orden. Para trazar el diagrama de esa ecuación tendremos que calcular las raíces:

$$s^2 + 20s + 10000 = 0 \rightarrow \begin{array}{c} \omega_0 = 100 \\ \xi = 0,1 \end{array}$$

Por lo tanto, se trata de una ecuación de segundo orden que tiene $\xi < 1$. Adecuaremos H(s) para que tenga la misma forma que la que hemos visto en el apartado anterior.

$$H(s) = s\frac{1}{s+1}\frac{100^2}{s^2+20s+100^2}$$

Ahora, haremos el diagrama de cada una y los sumaremos todos :

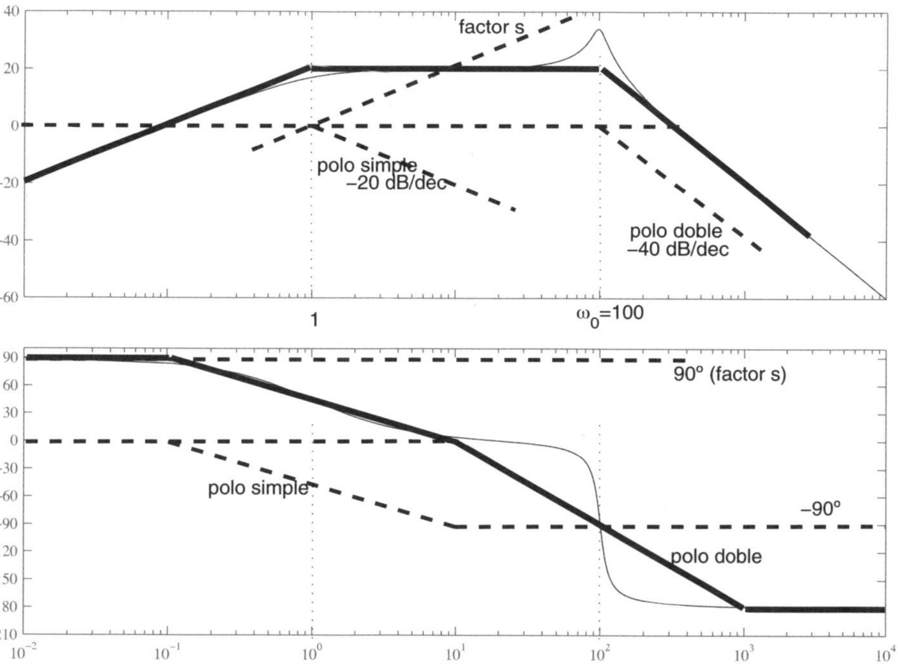

Figura 5.6: Diagrama de Bode del ejemplo 5

Ejemplo 6:

La siguiente gráfica corresponde al diagrama de Bode del módulo. Expresa H(s) de foma polinómica:

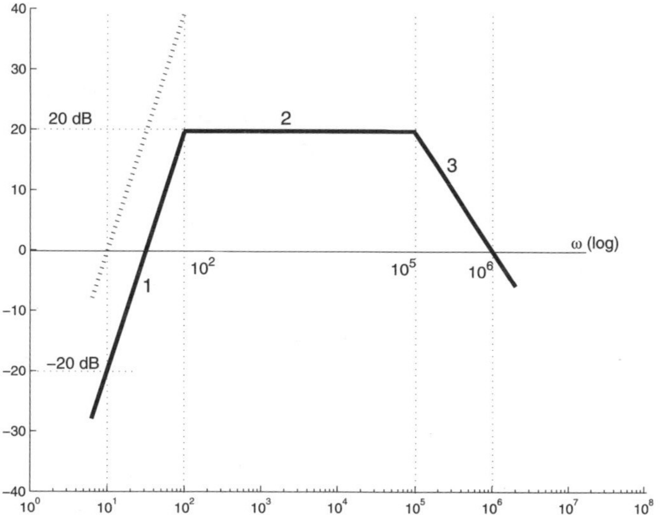

Resolución:

1. La rama 1 es una recta de pendiente $40dB/dec$ (si pasara por $\omega = 1$ llegaría hasta $+40dB$ cuando $\omega = 10$). En nuestra gráfica, en el punto $\omega = 10$ toma el valor $-20dB$, lo que significa que debemos bajar $-60dB$ la función s^2. Para hacer esto, $20logK = 60$, es decir, $K = 1000$. Por lo tanto, la ecuación de la primera rama es:

$$H_1(s) = \frac{1}{1000}s^2$$

2. La rama 2 es horizontal y corta a la anterior en el punto $\omega = 10^2$. Esto quiere decir que a la rama anterior se le ha añadido $-40dB/dec$. Esto ocurre con los polos dobles, por lo que la ecuación de la segunda rama es:

$$H_2(s) = (1 + \frac{s}{100})^{-2}$$

3. La rama 3 tiene una pendiente $-20dB/dec$ y corta a la anterior en el punto $\omega = 10^5$. Por lo tanto, ese punto es un polo simple y su ecuación es:

$$H_3(s) = (1 + \frac{s}{10^5})^{-1}$$

Para acabar, H(s) será el producto de todas las anteriores:

$$H(s) = H_1(s) * H_2(s) * H_3(s) = \frac{1}{1000}s^2(\frac{s}{100} + 1)^{-2}(\frac{s}{10^5} + 1)^{-1}$$